LIDERAZGO DE ALTA DIRECCIÓN

DIRECCIÓN

MANEJO DE PERSONAL

LIDERAZGO DE ALTA DIRECCIÓN

MANEJO DE PERSONAL

IMBERG SALVATIERRA MARTÍNEZ

ola
PUBLISHING
INTERNACIONAL

ola
PUBLISHING
INTERNACIONAL

Hola Publishing Internacional
Eugenio Sue 79, int. 4, Col. Polanco
Miguel Hidalgo, C.P. 11550
Ciudad de México, México

Primera edición, Septiembre 2024
ISBN: 978-1-63765-681-5

Para mi hijo, Imberg Camilo. Con todo el amor que tu padre te tiene, te dejo en este libro herramientas para que desarrolles tu liderazgo y que, al ser una persona de influencia, dejes este mundo mejor de como lo encontraste. Recuerda que a través del liderazgo podrás influenciar, servir y mejorar la vida de miles de personas y, como consecuencia, la tuya.

ÍNDICE

Un líder es grande no por su poder,
sino por su habilidad para generar poder en otros.

PRÓLOGO

Tenía diez años cuando comencé a prestar atención a las personas que estaban al frente de un equipo. Al observar esa postura y su forma de hablar con cierta seguridad, o de forma diferente al resto, mi mente me decía, "seguramente es el jefe de aquí". Lo que pasaba por mi mente en esos momentos, era: "Yo un día también quiero ser como ellos", y desde entonces, cada vez que visitaba un restaurante o una agencia de autos para vender mis periódicos o mis lonches, quería descubrir quién era la persona que estaba al frente, al que yo identificaba como el jefe. Si conoces mi historia, sabrás de dónde vengo, pero ese no es el tema por ahora, el punto de compartir contigo esto es, que desde chiquito empecé a percibir que había gente con un nivel de compromiso más grande al común; esas personas se diferenciaban del resto. Fue en esos años en los que decreté que un día yo también iba a ser el jefe.

Conforme iban pasando los años, seguía observando a los jefes en la vida real y luego veía películas y ahí estaban esos héroes que comandaban tropas, que hablaban y daban discursos a sus soldados, a sus guerreros. Yo me sentía inspirado y super alucinado, me volaba la mente ver cómo, a través de las palabras, lograban cosas impresionantes: que la gente elevara su nivel de compromiso, que trabajara con pasión, con más entusiasmo, que inclusive dieran su vida por un ideal. Una vez más dije, "Yo quiero aprender y saber cómo mandar gente, quiero hablar como lo hacen esos señores, ¡qué poderoso es su mensaje, después de sus palabras su gente hace más y quiere lograr más, están dispuestos a ir por más! ¡Yo quiero hacer lo mismo! Cuando crezca quiero ser un jefe".

Cuando me preguntaban, como a todo niño, "¿Qué quieres ser de grande?", mi respuesta era: "No lo sé, sólo sé que quiero ser un jefe", esa era la respuesta que daba o por lo menos lo que estaba en mi mente. Sin duda, otra cosa que siempre pasaba por mi cabeza y que me atraía mucho, debido a que dinero era de lo que carecía, era que esos señores debían ganar mucho dinero. Imagínate un Imberg de doce o trece años pensando en querer ser un jefe porque de seguro ganan mucho dinero, o bueno, al menos eso era lo que veía en las películas o cuando algún rico se subía a su coche, y como era mi punto de referencia, pensaba, "es el jefe y a los jefes les va bien". Bueno, bendita inocencia que pude observar todo esto.

Años después, ya siendo un joven adulto de dieciocho años que comenzaba a trabajar en restaurantes y después en hoteles, escuché por primera vez la palabra "líder". Fue entonces cuando conocí a esas personas en una empresa que visten bien, que hablan fuerte, que pisan con seguridad y que tienen acceso a juntas de directivos e inclusive a otro comedor, con otra atención; a esas personas el hotel les daba un trato diferente y les llamaban líderes.

Observé una vez más que a los líderes les iba mejor de lo que me iba a mí. Yo venía de haber sido *steward* y lavaplatos, pero fue en un hotel donde por primera vez escuché, en una de esas conferencias de capacitación, a una persona decir que para que tu vida cambie tú eres el que debe cambiar, para que tu vida mejore tú debes mejorar. Esto me atrapó completamente, fue como un calambre cerebral que me movió tanto que, ¿qué crees que pasó? Decidí cambiar, decidí aprender y sin darme cuenta y sin saber realmente cómo, inicié mi proceso, lo que hoy en día en liderazgo llamamos "ley del proceso".

En esos años pude escuchar a los que fueron mis primeros mentores, ahí supe de un señor que se llamaba Zig Ziglar, de un Miguel Ángel Cornejo. Aquí en México la gente hablaba de un Alex Dey, quien hoy en día es mi gran amigo Rafafá.

En ese entonces no había internet en mi ciudad. La información era muy escasa y bastante limitada, de hecho la única forma de tener acceso al conocimiento sobre liderazgo era asistiendo a una conferencia, y ese fue mi caso. Conferencia que había en la ciudad, evento en el que estaba presente. Vi a los oradores frente a estas conferencias como mis primeros mentores; fue tan fuerte y poderoso su mensaje que mi vida comenzó a dar un giro, cambié, me convertí en un estudiante del éxito, un líder; compré mis primeros libros de desarrollo personal, ventas y liderazgo, y me sumergí hasta el fondo de la alberca con un fuerza y con una pasión tal que en esos días leía un libro por día, ¡literal era un libro por día! Tenía un hambre de conocimiento un poco difícil de explicar (créeme, la historia es un poco larga). Me apasioné tremendamente por una profesión llamada Ventas porque saber vender te permite influir, persuadir y ganar mucho dinero.

Posteriormente tuve varios trabajos donde comencé a destacarme: agencias de viajes, hoteles, y al mismo tiempo asistía a la universidad. Sucedió que cinco años más tarde Imberg Salvatierra estaba de gerente en una organización que tenía sucursales en los destinos turísticos más importantes de México. Para el sexto año, esta misma compañía, que también tenía sucursales en Estados Unidos, me invitó a ser parte de su equipo directivo, pero ahora en los Estados Unidos de América. Sí, así como lo lees, *USA*, donde no sólo cambió el pago que obtuve, sino que me dieron la visa L-1 para trabajar de forma legal, casa para vivir y coche para moverme. Sígueme con tu imaginación y no te me pierdas en esto. Piensa en un Imberg Salvatierra de veintiséis años que venía de vender periódicos en las calles, lonches, de haber sido *steward* en restaurantes y unos cuantos años después ya estaba al frente de un equipo líder en ventas. ¿Qué vendíamos? Diamantes. Sí, fui parte de una empresa líder en venta de diamantes. Ahí estaba yo dirigiendo gente con diferentes nacionalidades en un país y en un idioma diferente al mío.

Me encantaría contarte todos los detalles de ese salto y choque cultural para mí y los desafíos tan grandes que implica trabajar con gente de múltiples orígenes cuando comienzas tu carrera como líder, pero lo que me permitió siempre tener un excelente resultado fue haberme introducido al mundo del desarrollo personal: esa es la clave para un buen liderazgo. También ayudó haber ya desarrollado ciertas habilidades de ventas, lo cual me permitía influir y persuadir. Así fue que en mi último año en esta compañía me dieron el puesto que ningún otro mexicano había logrado tener: director general y representante legal de la compañía (en inglés le llamábamos *Country Manager*).

Aún no te he contado sobre la compañía y ciertos detalles que por ahora me voy a saltar. Por ahora puedo decir que los propietarios son judíos y que hicieron sociedad con indios (una sociedad bastante peculiar). También, si observas un poco más de cerca el funcionamiento de las grandes compañías, especialmente dada la naturaleza del giro de esta, te darás cuenta que generalmente en los cargos directivos, o los de máxima confianza donde se manejan los valores, siempre tienen a personas de su misma comunidad y/o nacionalidad, y yo no era ni de una ni de otra. Sin embargo, pude destacarme de toda la media de colaboradores gracias al conocimiento que estás por recibir en las próximas páginas, lo cual me permitió ganar terreno en la escalera corporativa y ascender. Tuve el puesto más alto y relevante que alguna vez un mexicano haya logrado en esa compañía, pero no es ese el fin de la historia.

Este fue mi último empleo y después de varios años de trabajo, en uno de esos días, en los que piensas, ¿y ahora qué sigue?, fue cuando decidí renunciar y emprender una carrera como consultor de empresas y asesor en desarrollo personal y corporativo. Los seis años que trabajé en esta compañía y mi experiencia de vida me hizo querer ahora llevar un mensaje de cambios positivos. Me moría de ganas de contarle a todo el mundo que cualquier persona decidida, determinada, apasionada y con el gran sueño de tener una vida diferente lo puede lograr; que no importa el origen, el poder de la información está en su aplicación. ¿Y qué crees? Que renuncio. Sí, renuncié y no lo podían creer ni los dueños ni mi equipo, ya que yo lograba el sueño americano: había salido de mi país por la puerta grande, había logrado lo que otras personas en otros países, o inclusive aquí mismo en México, sueñan, estar de forma legal en Estados Unidos, tener trabajo bien pagado, casa, coche, seguro (por esto muchas personas hasta su vida dan), pero yo tenía mis razones.

Aceptaron mi renuncia y con un fuerte apretón de manos me desearon éxito en mi proyecto. Ahora un Imberg de treinta años emprende la aventura más hermosa de su vida. Desde ese día hasta el momento en el que escribo estas líneas han pasado quince años ininterrumpidos en donde desayuno, como, y ceno lo que estás leyendo: desarrollo personal.

Quisiera decirte que fue fácil la transición, pero no es así. Fue también, al principio, el reto más grande que jamás se me había presentado, tanto que en un par de ocasiones me arrepentí, me culpé, quise renunciar y dejar esto de querer ser consultor y conferencista. "¡Qué cosa tan mas chistosa!", decían algunos que me conocieron al inicio.

Un par de años después de iniciarme como conferencista me declaro en quiebra: las cosas no estaban saliendo como yo deseaba, como yo lo había esperado. Si ya leíste mi libro *Haz que la chuleta te persiga*, sabrás parte de la historia, de lo perdido que me sentía, pero siempre hubo una luz en el camino. En esos momentos en los que no sabía qué rumbo tomar, o cuando estaba a punto de tirar la toalla, aparecía una vez más esa señal, esa directriz, esa lucecita a lo largo de un camino que me repetía: "síguele, persiste y no te rajes". En el fondo de mi corazón yo sabía lo que quería y, a la vez, lo que ya no quería, pero no encontraba cómo alcanzarlo. Es por esto que hoy en día a todo el mundo le recomiendo tener un mentor: busca a esa persona que ya caminó por ahí para que sepas cómo avanzar rápido. Si eso es como tomar la autopista, pues yo tomé la libre y cometí muchos errores; tener un mentor te ayuda a ganar tiempo y a caerte menos, inclusive evita que te pierdas en el camino. Ir solo es como querer escalar una montaña que no conoces; si contratas a un guía que ha subido mil veces la montaña él te puede subir y bajar fácilmente, y te puede ayudar a que disfrutes el viaje, sin embargo, cuando decides escalar por tu propia cuenta, corres el riesgo de perderte y, peor aún, caerte por un barranco. Así fue mi caso, pero siempre fui optimista y me dije a mí mismo que en la vida o se gana o se aprende, pero nunca se pierde. Bueno, pues yo aprendí mucho. Lo que pasaba es que en esa bendita carrera, en este emprendimiento, que yo había elegido y cambiado por el sueño americano, no encontraba la forma de monetizar, de ganar *ahora*.

Presta atención porque esta es la primera vez que voy a compartir lo siguiente. En una ocasión, cuando estaba ya cansado de no ganar dinero, pues no era rentable el emprendimiento de la consultoría y la capacitación y estaba un tanto estresado por las deudas y los compromisos, recordé el trabajo al que había renunciado y sus privilegios. En este punto sentí que había sido, no una mala sino, la peor decisión de mi vida haber dejado un cargo ejecutivo importante como *Country Manager*, haber dejado una vida en Estados Unidos, ganando en dólares, con una casa y comodidades, y en un arranque de frustración que decido volver a la oficina donde se encontraba el ahora *Country Manager* (la persona que se había quedado en mi puesto cuando yo renuncié era una persona que venía de la India). Salgo de casa, me encamino hacia el lugar, no sin antes hacer una oración a Dios: "Tú sabes que no quiero volver, Tú conoces mi corazón y sabes lo que quiero. Yo quiero ser uno de tus mensajeros de cambios positivos, pero mi necesidad me tiene en la esquina. Me siento ahorcado y un tanto perdido, no sé qué sigue ni qué camino tomar, estoy agobiado por las deudas y cansado de no avanzar. Puedo regresar a mi antiguo trabajo, tengo aún en esa empresa las puertas abiertas, mi puesto está ocupado pero puedo volver a comenzar. Dios, dame una señal, muéstrame que no debo volver y que no debo estar aquí porque estoy a punto de entrar". ¿Y qué crees, mi querido líder? Sucedió lo inimaginable: apareció la señal. Al entrar a la oficina del *Country Manager* y sintiéndome como perrito con la cola entre las patas, ya listo con mi cara de "estoy bien, ya descansé un rato y creo que estoy listo para regresar a las ventas", me doy cuenta de que el *Country Manager* que se había quedado en mi puesto cuando yo renuncié contrató y tenía como subgerente a la persona que yo nunca contraté y que nunca, por nada del mundo, le di una oportunidad porque sabía y tenía las evidencias de que no era una persona íntegra, digna de confianza. Si yo volvía a trabajar ahí, esa persona sería mi jefe ahora y literalmente se invertirían los papeles. Pues, ¿qué crees? Saludé a todos en la oficina y les dije que andaba por la zona y aproveché para pasar a saludar y dejar mi tarjeta de presentación por si sabían de alguien que pudiera necesitar un poco de ayuda en su negocio.

Diez minutos después, al salir de esas instalaciones, se me salen las lágrimas. Lloré por dos razones: la primera porque mi oración había sido escuchada, identifiqué la señal que pedí, levanté mi mirada al cielo y Le di las gracias; segunda, "¿ahora qué voy a hacer? Ya no puedo volver aquí, no porque no pueda sino por dignidad. Aquí ya no tengo nada que hacer, este capítulo y esta puerta se cerraron, yo los cerré, ¿ahora qué sigue? Dios, échame una mano". Una vez más te puedo asegurar que mi oración fue escuchada.

Querido líder, cuando más oscura es la noche más cerca está el amanecer. En los días posteriores aparecieron tres cosas en mi vida: gente, dinero y circunstancias. Entendí que en realidad me estaba costando mucho trabajo porque estaba saliendo de mi zona de costumbre, sentía mucha presión (ahora hasta en lo económico) y esa presión me hizo elevarme y llegar al siguiente nivel. Quemé literalmente todas mis naves y en uno de esos días donde tuve un pequeño evento conocí a un líder fundador de una empresa de venta directa que representaba a un reconocido laboratorio mexicano, laboratorios PISA, y me presentaron un proyecto que estaba en piloto, apenas un proyecto bebé, y buscaban gente que quisiera emprender y expandir la oportunidad. Y que me apunto por la necesidad que traía por hambre de éxito. Dije, "Sí, yo le entro. Vamos a intentarlo, vamos a darle, vamos a echarle peligro, a hacer algo nuevo, algo diferente". Para esto yo ya tenía una idea de lo que eran las empresas de venta directa, mejor conocidas como multinivel, y arrancamos.

Una vez más, mi estimado lector y líder, cinco años después habíamos formado un equipo de más de ocho mil personas en todo México; yo estaba viajando por todo el país para apoyar a los equipos que habíamos formado en Cd. Juárez, Tijuana, Colima, León, Manzanillo, Puerto Vallarta, Tepic, Nayarit, Aguascalientes, Ciudad de México, Guadalajara, Monterrey. Este fue uno de los proyectos más bonitos que he emprendido en mi carrera y por eso hoy en día recomiendo completamente las empresas multinivel que son serias, porque te ofrecen un sistema increíblemente bueno que permite, sin importar el origen de una persona, literalmente transformar tu vida; te puede guiar o poner en un camino hacia tus sueños por más perdido que andes. Bueno, pues esta experiencia de cinco años me dio lo que me faltaba, ese "cómo" que yo había estado buscando, porque no sólo gané dinero, amigos y experiencia, sino que me dio las bases sólidas para darle postura a lo que había dentro de mí. Gracias a esas horas de vuelo, y no me refiero a las horas que pasé en los aviones y camiones sino a las horas de vuelo hablando en público, dando presentaciones, haciendo llamadas, dando seguimiento y acompañamiento, vendiendo en la calle y buscando a mis próximos líderes y a la vez siendo un auténtico líder y asesor para miles de emprendedores, gracias a esas horas gané la madurez para formar los equipos que siguen hoy en día.

En esta compañía tuve el reconocimiento de "Líder Platino", un rango que si estás en esta industria de venta directa seguramente reconoces, sino sólo quédate con que es un nombramiento que dan las empresas por el número de personas y volumen de ventas que mueves mes por mes en tu organización: en la mía ya eran más de ocho mil. Y ¿qué crees que me pasó una vez más? Me sentí como en Estados Unidos, que había algo más. Yo en este punto era más *networker* que otra cosa. Ahora, no quiero que por nada del mundo vayas a creer que estoy insinuando que tiene algo malo serlo, no, para nada, y lo remarco, no tiene absolutamente nada de malo, yo lo disfruté como no te imaginas. A lo que me refiero es que ser *networker* no era mi auténtico llamado.

En este punto esa voz de mi alma me dijo, "muy bien, ya te estabilizaste, ya encontraste lo que te faltaba, ¿y ahora qué sigue?" Y una vez más, que renuncio. De nuevo en un gran momento y una gran empresa y con un montón de equipos, simplemente tomé la decisión de volver a lo que en realidad era mi llamado, eso que yo había deseado tanto ser y que la voz de mi alma me pedía hacer. Permíteme decirte que lo más bonito de esta industria multinivel es que es duplicable: ya habíamos formado a grandes, grandes líderes que sin mi presencia pudieron seguir perfectamente con el proyecto.

Este fue mi paso por la industria de la venta directa multinivel: cinco años maravillosos, grandes experiencias quizá en otro libro contaré y te compartiré detalles del funcionamiento de un emprendimiento multinivel (MLM) y de la construcción de una organización exitosa (lo que puedo adelantar es que requiere de un auténtico liderazgo). Pero era el momento de regresar al llamado.

En este punto, ahora un Imberg Salvatierra de treinta y seis años, convertido en un formador de líderes emprendedores, con una experiencia de vida habiendo trabajado en los Estados Unidos, formado equipos por muchas ciudades en nuestro país, estaba cien por ciento dedicado a asesorar empresas y ayudar a emprendedores a levantar sus negocios, a implementar la mejora continua. Al momento de escribir estas líneas, llevamos más de seiscientos restaurantes asesorados, hemos impartido más de mil ochocientos eventos entre cursos, talleres, conferencias y seminarios, hemos llevado nuestro mensaje de cambios positivos y cultura Kizukai a muchísimas empresas en las que destacan hoteles, restaurantes y empresas de venta directa multinivel, con una larga lista de clientes recomendando nuestra metodología basada en un liderazgo efectivo, con un instituto centro evaluador en competencias laborales.

Es hora de conozcas qué es el liderazgo y cuál es la mejor forma de manejar personal para llegar al siguiente nivel. Yo lo logré, mi vida hoy en día está resuelta, la vivo bajo mis términos y nunca más volverá a ser como era antes, literalmente estoy viviendo el sueño mexicano: lo que antes ganaba en Estados Unidos en un mes, en un puesto importante, hoy lo gano en unas cuantas horas. Nada de lo que he logrado sería posible si no hubiera tomado estas decisiones; nada de esto, que es la vida que soñé, sería posible si no hubiera tenido esas presiones, si no hubiera escuchado la voz de mi alma y hubiera pagado el precio viviendo el proceso, esos momentos que despertaron a mi gigante interior, esos momentos que me pusieron de rodillas y que me hicieron llorar.

Escucha esto: a la primera persona que debes liderar es a ti mismo, todo logro material o logro externo sólo es un reflejo del crecimiento interno; las casas, los coches, el flujo de capital, los millones, son el resultado de una mente millonaria. El dinero no te hace millonario, lo que te hace millonario es tu mente millonaria. Pero tienes que educarte.

Presta atención a esto: quien quiere ser médico estudia medicina, quien quiere ser contador estudia contabilidad, quien quiere ser administrador estudia administración; si quieres ser exitoso, estudiar el éxito y el liderazgo es la clave. Sin un liderazgo efectivo, comenzando a ser líder primero de ti mismo, tomando decisiones e influyendo en ti mismo, decisiones que te favorezcan a ti mismo, no puede alcanzarse el éxito.

Recuerda siempre lo siguiente: tu éxito será directamente proporcional a la cantidad de personas en las que puedas influir, por eso debes darle toda la importancia al liderazgo si quieres triunfar y si deseas llegar al siguiente nivel.

En cada persona exitosa siempre vas a encontrar un gran líder. Yo no he conocido a una persona que sea exitosa y que no tenga liderazgo, eso jamás lo van a ver tus ojos. Desarrollar mi liderazgo fue clave y en esta obra te voy a decir cómo desarrollarte y ser una persona influyente, cautivante, sobresaliente, que logre ser un imán para los demás y que lleve a su equipo o empresa a las grandes ligas, que logre impactar en la vida de las personas y que, como resultado de su liderazgo, logre lo que quiere.

Tú puedes lograr todo lo que tú quieras en tu vida si ayudas a otros a lograr lo que ellos quieran para su vida.

Zig Ziglar

INTRODUCCIÓN
AL LIDERAZGO

Como dice el dermatólogo, vamos al grano. Una de las cosas que deberíamos aprender en la escuela es precisamente liderazgo, ya que liderazgo es influencia, es la habilidad para mover a alguien o para tener seguidores, para encaminar a un grupo de personas hacia ciertas acciones. El liderazgo es movimiento, lucha.

Liderazgo es problemas, liderazgo es resolverlos, es solucionar, liderazgo es crear lo que no hay, liderazgo es felicidad ante la catástrofe, liderazgo es apasionarse, liderazgo es soñar, liderazgo es amar, es siempre, siempre, siempre ser feliz a pesar de las circunstancias; liderazgo es desafiarse a uno mismo y desafiar a otros; liderazgo es agradecer lo que tenemos, liderazgo es levantarnos cuando nos caemos, liderazgo es disfrutar de las cosas que nos ocurren en la vida, liderazgo es tomar todo como un aprendizaje, liderazgo es amar lo que nos pasa, liderazgo es perdonar a los demás, liderazgo es jamás dejarnos sacar de nuestras casillas, liderazgo es llorar cuando tengamos que llorar; liderazgo es darle gracias a Dios cuando uno se enferma y no hay cura, liderazgo es amar que vamos a morir, liderazgo es creer que ni la misma muerte es un obstáculo, por lo tanto, como parte del proceso y desarrollo del liderazgo: disfrutemos la vida, el aquí y ahora, movámonos, luchemos, soñemos, rompámosla, juguemos, inspiremos a muchos en el camino, embarrémosla. Liderazgo es atreverse, es caminar por donde no hemos caminado, liderazgo es sentir lo que no hemos sentido, es ver lo que no hemos visto, es ayudar a otros a ver lo que aún no alcanzan a ver y es ayudar a escuchar lo que aún no quieren ni pueden escuchar; liderazgo es cambiar la energía del grupo, liderazgo es sentir más que decir, liderazgo es la real y sincera preocupación por el otro.

Entonces, como puedes ver, querido lector, el liderazgo es el conjunto de habilidades blandas que nos sirven para conducir y acompañar a una o más personas; es influir, ya sea para bien o para mal, en la forma de ser y actuar, porque tú tienes que saber que liderazgo no es sinónimo de bueno o de malo. Liderazgo, en una sola palabra, es influencia. No sé si lo recuerdes, pero, cuando éramos niños, una frase muy común que escuchábamos, o que en algunos casos ya la decimos a nuestros hijos, es: "No te juntes con equis persona porque es una mala influencia". Ahí en realidad lo que estamos dando es una advertencia: estar con esa persona puede causar que te hagas como ella. Eso es el liderazgo, el poder que tiene una persona para influir en tu vida, en tus acciones y hasta en tus decisiones. Entonces, la influencia es el aspecto esencial del liderazgo.

El liderazgo también, dicho de otra forma y compartiéndote las definiciones a las que he llegado desde mis experiencias, es la función que ocupa una persona que se distingue del resto y que es capaz de tomar decisiones acertadas para el grupo, equipo u organización que tenga a su cargo, de forma que inspire, guie y acompañe en el proceso para alcanzar objetivos o metas compartidas, porque, claro, el liderazgo es un binomio: el líder y los seguidores, no puede haber uno sin el otro.

Ahora pueden parecer muy amplias estas clasificaciones de liderazgo, pero no te me desesperes, te prometo que lo vamos a desglosar paso a paso. Lo que sí te puedo adelantar es que en la gran mayoría de los casos en las empresas existe un liderazgo informal. ¿A qué me refiero? A que he sido testigo de "líderes" que tienen y ocupan una posición de mando, pero hay otro que en realidad se hace cargo de ser el líder. Sí, así como lo lees: no siempre quien ocupa la posición es el líder, y no siempre el líder es quien ocupa la posición.

Para ser líder tendrás que actuar más rápido. El líder es otra especie, el líder piensa diferente, el líder experimenta una vida diferente, el líder tiene una visión diferente, por eso me atrevo a decirte que el líder es otra especie. El líder debe ser un constante aprendiz, pero tristemente el enemigo número uno de todo líder es el ego, es eso precisamente lo que causa que muchas personas que podrían desarrollar aún más y mejor su liderazgo no lo hagan. Si pusiéramos un requisito indispensable para crecer como líder sería tener humildad.

Escucha esto: el modelo de crecimiento y aprendizaje de un líder es sobre la marcha. Recuerdo que una vez escuché decir que el líder debe cambiar los neumáticos con el coche andando. En otras palabras, si a un líder le preguntaran cómo se vuela, este, si es auténtico, respondería: "Ven, te digo en el aire".

Muchísimas personas que conocí tanto en Estados Unidos como aquí en México, y que todavía encuentro en diferentes empresas, desean saber, aprender y, una vez formados con el conocimiento y el "papelito en mano" comenzar a hacer, a moverse. En el liderazgo no es así, de hecho es todo lo opuesto. El líder comienza a hacer, se atreve, se compromete y sobre la marcha ve cómo lo aprende. Una de las cosas que debes tener muy presente si deseas crecer como líder es que el líder tiene una gran capacidad de adaptación, yo le llamo *actitud de agua*.

Sí. ¿Qué forma toma el agua? La del recipiente.

La Universidad de Harvard abre un taller de liderazgo para todo público todos los años. En ese curso una de las primeras cosas que se enseñan es que el líder es el único responsable de todo. Así como lo escuchas: el líder es el único responsable, ¿de qué?, de todo.

¿Pero cuál es la realidad en las empresas cuando las cosas no salen como se esperaban o cuando hay fallas inmediatamente? Dice el que está a cargo, vamos a llamarlo el jefe, "Tráiganme a quien hizo o dijo eso, vamos a cortar cabezas. En esta empresa vamos a dejar todo muy claro, los puntos sobre la mesa". En cambio, al líder o a los líderes claramente no siempre les salen las cosas como quisieran. Entonces, ¿cómo piensa el líder cuando no resulta lo esperado o hay fallas? "¿En qué me equivoqué *yo*?"

"Es que fueron los de sistemas", ¿y quién los contrató?

"Fueron los de recursos humanos", ¿y quién los contrató?

"Fue el gerente, que los contrató a todos", ¿y quién lo contrató a él?

Cuando se le rasca un poco más, llegamos a una sola respuesta: el líder. Esto atestigua la responsabilidad enorme que carga el líder. Es por eso que, como líder, siempre deberás sacar una energía extraordinaria para cargar con ese nivel de compromiso. Entonces, si un integrante de tu equipo está comprometido un cien por ciento, el líder deberá estar aún más.

Fundamentos del liderazgo

En la gran mayoría de los casos, al no ser el liderazgo una de esas cosas que nos enseñan en las escuelas, los líderes comenzamos a trabajar con pasión y con un deseo ardiente por crecer en la línea corporativa y es a causa del nivel de compromiso o ciertas habilidades que otros ven en nosotros que nos llega una oportunidad y nos ascienden. Una vez que tenemos una posición (desde encargado, supervisor, gerente, capitán, chef o el mismo dueño del negocio) ¿cómo es que comenzamos a liderar? Respuesta: como Dios te dé a entender; sí, así me atrevo a decirlo, como Dios te dé a saber. ¿Por qué? Porque nadie nos enseñó a ser líderes.

¡Hay tanta información basura y de relleno en nuestro sistema educativo!, y sin embargo este conocimiento valioso, fundamental para sobresalir en el mercado y ayudar a otros y ser más serviciales, no nos los enseñan. No importa si fuiste a la mejor universidad o tienes maestría y hasta doctorado, el liderazgo es una de esas cosas que aprendes por tu cuenta. La escuela nos enseña el teorema de Pitágoras, pero no a ser un líder; nos enseñan a sacarle la hipotenusa a una lonchera, pero no a ser un líder; nos enseña los nombres de ríos que se secaron hace mucho, pero no a ser un líder; nos enseñan sobre las trece colonias, pero no a ser un líder; nos enseñan sobre la revolución francesa, pero no a ser un líder; nos enseñan sobre la burguesía, la revolución industrial, el imperialismo, la revolución hispanoamericana y revoluciones liberales, pero nunca qué es lo que hace que una persona sea libre, qué es el liderazgo. Es triste: la escuela debería abrirnos los ojos a la vida y no conducirnos con los ojos tapados para luego dejarnos libres a la salida para que nos estrellemos en el mundo de la realidad.

Es muy importante que sepas que tu liderazgo determina tu nivel de éxito. Dicho de otra forma, tu éxito es directamente proporcional a la cantidad de personas sobre las que puedas influir. En una empresa, el liderazgo siempre determinará la calidad y el tamaño de la organización.

Por más de un año fui asesor de un grupo médico. Este grupo tenía varios hospitales y había muchos problemas, quejas de pacientes tanto de servicio como de atención por parte de enfermeros, así como las diferentes áreas. Sus procesos eran un tanto deficientes y había un mal ambiente laboral, poca comunicación y quejas por parte de clientes internos sobre sus compañeros y entre las diferentes áreas. Curiosamente, quienes ocupaban las direcciones, los encargados, jefes, eran médicos renombrados, especialistas que coordinaban al personal. Una vez que levanté mi diagnóstico, me di cuenta de la razón de esos problemas: la ausencia de liderazgo.

Sin duda, los encargados del personal en las diferentes áreas eran grandes personajes y eminencias como médicos, pero malos como líderes. En otras palabras, encontré a super médicos preparados para cualquier situación de su especialidad, pero no para liderar personas. En la primer reunión que tuve con ese comité de líderes, les hice las siguiente preguntas: "Damas y caballeros ¿a quién le dieron clases de optimismo, determinación, firmeza, inteligencia emocional, liderazgo 1, liderazgo 2? ¿Cómo lograr que su equipo se ponga la camiseta, que se tatúen en el corazón la marca de la empresa, que se apasionen por servir y ayudar los demás, que tengan amor al trabajo, actitud positiva 1, actitud positiva 2? ¿Cómo hacerle para que tu equipo se entregue a una visión y dé más de lo que se espera de ellos? Díganme, ¿a quién le dieron clases de esto?" Ese día todos los médicos se quedaron pensando y reflexionando y yo simplemente les dije: "Por eso estamos aquí, y es que a nadie le enseñan a ser líder". Lo demás en esa asesoría con el hospital es historia, pero pudimos implementar un buen sistema de gestión de liderazgo y, a través de varias sesiones de *team building* y cambios en su sistema, logramos mejorar tanto el servicio y la atención al paciente como el clima laboral. Muchísimas cosas dependen del liderazgo y sin un liderazgo efectivo los resultados simplemente nunca van a favorecer.

Hace tiempo escuché una frase que me gustó: "Todo se levanta o se cae por el liderazgo", y es que es algo que ya tengo comprobado no sólo por mis experiencias personales sino por las que en todos estos años como consultor y asesor de empresas he visto. Efectivamente, cuando en una empresa hay un buen líder, las empresas crecen, tienen más clientes, hay más atención a los visitantes y al servicio; cuando hay ausencia de liderazgo, las empresas caen, descuidan a sus clientes y muchos detalles durante los procesos de la operación. Cuando una iglesia tiene a un buen líder, las iglesias crecen, la genta llega a dar más diezmos, más gente va a esa iglesia, disfrutan la prédica, pero cuando hay un mal líder las iglesias caen, dejan de ir a esa iglesia, otros de plano mejor se cambian de religión, no se sienten inspirados por el mensaje. Lo mismo sucede en los gobiernos, en las escuelas, en las empresas, todo se levanta o se viene abajo por el liderazgo o la falta de este. Entonces, la pregunta es, ¿a dónde se han ido los líderes?

Hay una escasez de liderazgo en el mundo, en nuestras instituciones más importantes: gobierno, educación, religión, empresas. Mi respuesta es que esto pasa porque, en un mundo cada vez más virtual, la capacidad de mantener relaciones humanas se pierde cada vez más rápido, por eso mismo esta capacidad nunca ha sido tan valiosa ni tan buscada como hoy.

La capacidad de tratar con la gente es un bien tan comprable como el azúcar o el café y yo estoy dispuesto a pagar más por esa capacidad que cualquier otra que exista bajo el sol.

John D. Rockefeller

La actitud de un líder

Indudablemente, si estás aquí, es porque has elegido el liderazgo como forma de vida. Para hablar ampliamente de cuál debe ser la actitud para liderar a otras personas debemos hablar de lo que es la actitud. Este es un tema sobre el cual podríamos hacer otro libro, sin embargo, para efectos de este tema, liderazgo, entendamos actitud como la energía que proyectamos a las personas, la forma en la que reaccionamos a las cosas que nos suceden.

La actitud es algo que podemos controlar completamente y es algo que se puede aplicar en cosas muy sencillas. Te pongo un ejemplo: tú estás en una fila y de repente alguien te empuja. Bueno, ahí es donde tú tienes la oportunidad de escoger cómo responder (esa es la actitud). Luego, si esa persona que te empujó te hace perder la cordura, tu paz, y tú respondes furioso, ahí tuviste la oportunidad de escoger una mala actitud para responder ante lo que te sucedió, sin embargo, cuando aprendemos a entrenar nuestra actitud (quizá la persona que te empujó lo haya hecho sin querer o intencionalmente), tú, como tienes una actitud entrenada, no pierdes la compostura ni te saca de tus casillas y no entras en un estado de enojo o furia, sino que tranquilamente dices, "Ey, ten cuidado. No hay problema", y ya está. Y en esa capacidad de actuar podemos cambiar completamente el rumbo de una situación, ya que, si te pones furioso por algo en lo que posiblemente no hay culpa, puedes desencadenar una serie de sucesos desfavorables, incluso una pelea; pero si simplemente cortas ahí porque tienes una actitud proactiva, bien entrenada para elegir tu forma de reaccionar, ya ganaste esa micro batalla.

Entonces, la actitud es lo que escoges proyectar. La actitud es escoger un estado de ánimo particular. Hay personas que dejan su actitud a merced del inconsciente, es decir, no son conscientes de que pueden escoger su estado emocional. Sumado a esto, como a la gran mayoría de personas no les han enseñado a manejar su actitud, normalmente tienden a proyectar una energía negativa. Usualmente, cuando sucede algo que no les gusta, las personas se quejan, se inventan problemas, excusas, reniegan sobre lo que está sucediendo. Y, bueno, la realidad es que hay momentos en que nos pasan cosas desagradables, es cierto que suceden cosas que no podemos controlar, pero hay un momento en que hay que madurar, llega un momento en que sí o sí nos tenemos que entrenar y a pesar de que nos sucedan cosas negativas hay que sobreponernos a ellas y reaccionar de forma positiva para lograr estados emocionales apropiados. Eso es básicamente la actitud, la forma en que tú decides reaccionar frente a lo que te sucede; es la perspectiva bajo la cual ves las cosas y si ves algo negativo o te sucede algo negativo, ir con la mente un poco más allá para entender por qué te pasa lo que te pasa, entender por qué te está sucediendo y no solamente quedarte pensado o quejándote de lo que te pasa o, peor aún, por qué a ti.

En fin, como te dije, la actitud es un tema del que podemos hablar por horas. Hay una frase que me gusta mucho que dice así: "Podemos quejarnos, irritarnos, molestarnos porque la rosa tiene espinas o podemos alegrarnos, festejarlo, celebrar que el espino tiene una rosa", todo depende de tu actitud. Pero vamos a entender y dejar bien claro cuál debe ser la actitud de un líder.

En los últimos años que he venido trabajando con muchos equipos y desarrollando modelos de negocio basados en liderazgo, he descubierto que la primera actitud que debe tener un líder es:

Entusiasmo permanente

Esto es fundamental. Te voy a dar un ejemplo: si tú tienes un equipo de trabajo de cinco o diez personas y esas personas perciben que tú todo el tiempo estás desmotivado, tienes energía baja, una actitud un tanto pesimista; que estás aburrido, que ellos te preguntan algo y tú das una respuesta cualquiera ahí nomas para salir al paso; o que cuando estas reunido con ellos sencillamente la energía que proyectas no es la mejor, automáticamente esa mala vibra, esa mala energía que como líder estas asumiendo, se le impregna a los miembros del equipo.

Quiero que entiendas esto: la actitud que asumes como líder es la actitud que tu equipo va a comenzar a aplicar, inclusive a duplicar, ya sea positiva o negativa, es lo que van a replicar. La actitud que proyectamos a nuestra gente, ya sea consciente o inconscientemente, es la misma que ellos van a asumir. Por consecuencia, la actitud nos enseña, la actitud se modela; si tú quieres que tu equipo tenga buena actitud, el primero que debe tener buena actitud eres tú como líder; si tú quieres que tu equipo sea positivo, el primero que debe ser positivo eres tú; si tú quieres que tu equipo se mantenga en un estado emocional adecuado, primero tienes que modelarles cómo se hace.

En estos años he visto líderes de las diferentes industrias que no se dan cuenta que su gente los está viendo y, más que viendo, los está sintiendo (porque la actitud es algo que se siente, es una forma de comunicar). He visto líderes que como que no les cae el veinte o no caen en cuenta que cuando están en una reunión, por ejemplo, las personas los están observando permanentemente, y si ellos no hacen un cambio emocional, un cambio en su actitud, van a cavar su propia tumba en el liderazgo. Sin embargo los líderes experimentados, los líderes profesionales han entendido que la sintonía en la que están vibrando va a ser la misma en la que su equipo va a vibrar. Como consecuencia, trabajan todos los días en mantener su energía alta, mantener su entusiasmo, mantenerse felices.

Quizá en este punto tú te preguntes o me preguntes, Imberg, ¿cómo hago yo como líder para mantener la vibración alta?, ¿cómo hago yo como líder para que permanentemente se sienta el optimismo en mi equipo de trabajo? Respuesta, mi querido líder, mantén clara la visión.

Ahora, ¿qué es la visión?

Escucha esto: cuando se trata de liderazgo siempre debe de haber un objetivo por el cual estamos trabajando o hacia donde estamos yendo. Te pongo un ejemplo: cuando lideras un equipo de venta directa, tú tienes que tener un objetivo, es decir, si yo tengo un equipo de veinte personas, yo como líder debo de saber cuál es el siguiente nivel al que los estoy llevando, como líder tengo que proyectarme, como líder tengo que saber en dónde vamos a estar en seis meses, un año: ¿cuántos vamos a ser?, ¿cuáles serán los ingresos de las ventas?, ¿cuántos resultados vamos a estar materializando? Como líder tienes que tener esa visión nítida para el futuro porque la fe en el futuro te da fuerza en el presente; la visión de lo que va a pasar te da fuerza para lo que aún no está sucediendo. Esto es super importante porque un líder sin visión está perdido o simplemente es como una tablita en el mar; una organización liderada por alguien que no sabe a dónde va. En consecuencia, cuando asumimos un rol de liderazgo debemos hacernos una pregunta: ¿dónde voy a estar yo y a dónde voy a llevar a mi equipo en un año? Y cuando te lances al futuro a pensar en esa visión, esa visión tiene que proyectar en ti entusiasmo, te tiene que motivar, te tiene que encender, te tiene que dar alegría el solo hecho de pensar en ella.

Recuerdo que hace algunos años, cuando yo arranqué mi negocio de venta directa, en los primeros meses tenía un equipo pequeño de cinco o seis personas. Llegaba a donde me reunía con mi equipo prendido, lo que le sigue de motivado. ¿Por qué? Uno, porque traía hambre, literalmente hablando; y dos, porque ya había definido una visión, ya sabía por qué había decido emprender y sabía a dónde tenía que llegar si deseaba mi libertad (o por lo menos dónde estaban los cheques grandes), y sabía lo que en dos o tres años iba a estar sucediendo, así que llegaba con ellos y les decía, "Mis líderes, no importa lo que estemos viviendo hoy, no importan las precariedades ni que andemos en camiones, no importa si las cosas están difíciles o aparentemente no estamos creciendo, les aseguro que en dos años vamos a ser más de doscientos y ustedes son los primeros cinco que van a estar a la cabeza de cientos de personas, del gran equipo que vamos a construir. Ustedes son los pioneros, ustedes son a los que más beneficios les van a llover, entonces no importa las dificultades del momento, visualícense en esas salas llenas de personas, imagínense eso".

Posteriormente, mi visión creció cuando llegamos a doscientas personas, me dije, "¿cuál es el siguiente nivel?" La visión tiene que seguir creciendo todos los días para mantener el entusiasmo, entonces la siguiente meta ya no eran doscientas sino mil personas, y yo les vendí esa visión. Recuerdo que las personas percibían perfectamente a donde íbamos a llegar y ese entusiasmo que yo sentía automáticamente era el mismo entusiasmo que ellos comenzaban a sentir y esto era algo bastante poderoso. Era un transmisión de energía todo el tiempo.

Por otro lado, imagina que yo hubiera llegado con mi equipo de cinco personas cuando no estábamos teniendo resultados (porque esa era la realidad, lo que con la vista podíamos ver en un inicio. Aunque recuerda siempre que la vista es lo que pasa hoy, la visión es lo que va a pasar en un futuro). Si yo no hubiera tenido una visión clara y yo hubiera llegado con mi equipo a decirles, "Mis líderes, esto está muy difícil, llevamos un mes siendo los mismos cinco y a esto no le veo ni pies ni cabeza. La verdad yo también estoy un poco frustrado, un poco desmotivado, pero igual sigan haciendo lo que saben hacer y yo también voy trabajando a ver qué pasa en unos días más". Imagina que yo, como líder, hubiera asumido esta actitud, ¿tú como líder asumes esta actitud con tu equipo?, ¿crees que las personas hubieran despertado un gran entusiasmo en su interior? Simplemente no pasa. El líder es el que presiona el interruptor del entusiasmo en las personas, por eso tu actitud tiene que ser la más alta del equipo, la actitud de un líder tiene que ser la más grande de toda la organización y esto no es sólo es para negocios de venta directa, esto aplica para todo tipo de negocios, hoteles, restaurantes, en todas las industrias.

Imagina que eres el director técnico de un equipo de futbol o eres el capitán del equipo pero tu actitud es una pésima actitud y tú les dices, "Muchachos, vamos perdiendo dos a cero en el primer tiempo, ¡yo creo ya perdimos! Si comenzando ya nos metieron dos goles, en el segundo tiempo que ya estemos cansados nos meten cuatro", o "Pues párense por ahí a ver cómo defendemos, pero la realidad es que la tenemos ya muy difícil, ¡esto está ya muy mal!" Imagina que el líder diga eso y que todo el equipo lo esté escuchando, eso es un suicidio organizacional, ya con ese comentario los acabó. Por el contrario, tú vas a identificar que todos, todos los auténticos líderes son positivos, son optimistas, y este es el segundo punto.

Positivo

No puedes liderar siendo una persona negativa.

"Imberg, es que yo soy realista".

"No, señor. O quizá sí, pero debes saber que el primer grado del pesimismo y la negatividad es ser realista, y esto es sencillo de cambiar".

Ahora quiero ser enfático en algo que es normal: que a nosotros como líderes nos pasen cosas difíciles, como a cualquier persona. De hecho, te voy a prevenir, como líder vas a tener más retos que cualquier otro participante de la organización, como líder vas a sentir más presión, como líder vas a sentir más carga, como líder vas a sentir más responsabilidad, como líder te vas a preguntar muchas veces, "¿será que yo sí voy a ser capaz de llevar a este equipo de personas al siguiente nivel?, ¿será que yo sí seré capaz de ayudarlos a tener mejores resultados?, ¿será que yo sí soy capaz de que esta gente viva una vida diferente y que valga la pena este proceso?, ¿será que yo sí los puedo dirigir?" Eso es normal y va a ser normal que te pase esto por la mente. Tú tienes que saber también que el trabajo del líder no es hacer todo el trabajo, sino que la gente crea en sus capacidades. Es la gente la que hace el trabajo pero es el líder el que los inicia, que los gestiona, que da instrucciones. El líder es el que le entrega confianza a la organización, el líder es quien marca la pauta, es el que les dice, "ustedes sí pueden"; y fruto de que alguien, "el líder", cree en ellos, ellos creen en sí mismos. Esto lo digo para que no pienses que a ti te corresponde hacer todo, porque ningún líder se puede dar el mérito de ganar un campeonato él solo, nunca vas a ver al capitán de un equipo ganando la copa mundial y diciendo, "todo es gracias a mí, porque yo soy el capitán, yo soy el líder, sino hubiera sido por mí no hubiéramos ganado". Falso. De hecho hay una frase que dice, "Cuando ganemos, el líder debe procurar que nadie se dé cuenta que fue gracias a él, pero cuando perdamos, el líder debe asumir la responsabilidad de la pérdida". O sea, cuando ganas no brillas pero cuando pierdes eres el responsable, en pocas palabras.

Uno de los puntos al que quiero llegar es a que, como líderes, también nos pasan cosas negativas. Es normal discutir con la pareja, es normal que nos enfermemos, es normal que enfrentemos situaciones complejas, es normal que haya calamidades en la familia, que haya problemas en el negocio, un sinfín de dificultades, y no sólo los líderes sino todos los seres humanos enfrentamos problemas. Lo importante no es que tengamos o no tengamos problemas, sino que el líder, cuando esté con su organización, los corte de raíz. Es decir, cuando vas a entrar a una reunión con tu equipo y vas a comenzar a trabajar con las personas que lideras, tienes que ponerte un traje de superhéroe y, si tienes un problema que te está volando la cabeza o robando la paz, tienes que dejarlo fuera del trabajo o de la reunión con tu gente. Muy seguido, en mis conferencias, le digo a los participantes, "Ponte tu traje. ¿Qué hace diferente a Clark Kent de Superman? El traje. ¿Qué hace diferente a Bruno Díaz de Batman? El traje. ¿Qué hace diferente al Chapulín Colorado de Roberto Gómez? El traje". Entonces se vale ponerse el disfraz (cuando vamos comenzando a ser líder se vale aún más), lo que no es válido es permitir que tus problemas personales te afecten cuando estás reunido con tu gente, pues vas a perjudicarlos a ellos. Un profesional es aquel que tiene la capacidad de dejar los problemas fuera cuando está trabajando, mantener una actitud positiva. Como dice un mentor con quien he tenido la oportunidad de trabajar, "El trabajo de un líder es dar esperanza aunque esté desesperanzado. El trabajo de un líder es mostrar optimismo así internamente esté desmotivado".

En muchas ocasiones, así se te suene feo, tenemos que fingir como los payasos, hacer un show y parecer felices cuando se trate de liderar a nuestro equipo, pero en el interior, o cuando ya estemos en el camerino, quitarnos la máscara y quizá seguir con nuestras cruces, como dicen por ahí. ¿Y sabes una cosa? Está bien. Créeme que si tú tienes esa fortaleza interna de cuidar tu actitud, de proyectar una energía positiva todo el tiempo, tu equipo no se va a dar cuenta de que estás pasando por dificultades.

Quiero contarte un caso personal que me sucedió cuando comenzaba ese emprendimiento de venta directa. Había un líder que era mi *up-line*, o sea que estaba sobre mí en mi línea ascendente, y que todos admirábamos mucho. Era una persona que siempre tenía una actitud positiva, de hecho él era el líder del equipo y fue quien me vendió la idea de hacer equipo con él al comienzo. Cada vez que teníamos una duda, hablamos con él; cuando teníamos una dificultad, él siempre nos ayudaba; cuando necesitamos apoyo, él siempre nos lo daba; cuando mi equipo se desmotivaba o bajaba la pila, invitarlo a platicar con ellos era volverlos a encender y él, con todo el amor, con toda la certeza, con toda su fortaleza, nos decía, "Lo que viene es extraordinario, están viviendo su proceso. La persistencia es la madre de la resistencia. Los problemas de hoy no son nada frente a las recompensas que se viene mañana, así que vamos con todo, mis líderes, que el futuro es brillante y ustedes no pueden permitir que eso les robe la promesa del futuro". Tenía la capacidad de encenderle a uno el corazón, yo podía ver el fuego en sus ojos y la pasión por querer llegar a esa visión y, después de unas palabras, el equipo salía nuevamente a hacer lo que se requiriera hacer. En un momento yo pensé que él económicamente, y en todas sus áreas, estaba muy bien, que ganaba mucho dinero, que ya era una persona con unos resultados extraordinarios; pensaba que vivía en una casa increíble y que ya manejaba seguramente uno de los mejores carros (con semejante actitud, ¿cómo no iba a hacerlo?), eso tenía que ser fruto de que ya los resultados lo estaban respaldando.

Con los años, en la medida en que mi equipo fue creciendo y madurando, un día, ya en la confianza que los años y el compañerismo nos permitió, me contó que, a diferencia de lo que muchos creían, o al menos yo, en esas temporadas donde yo lo invitaba y que él trabajaba conmigo emocional-mente estaba en su peor momento. Me contó que estaba quebrado, que venía de una deuda muy grande, hacia un esfuerzo por trasladarse, emocionalmente estaba destruido, su autoestima estaba en el piso, su familia estaba rota, estaba pasando por un divorcio y dificultades personales, pero nosotros nunca lo notamos porque él tenía la capacidad de entender que cuando estaba con su equipo los problemas quedaban afuera, cuando estaba con su equipo él tenía que tragarse ese sapo, como dice Brian Tracy, cuando él estaba con su equipo él tenía que mostrar la visión intacta, porque si el líder no la ve, no la puede mostrar, porque si el líder no sabe a dónde va, no está en capacidad de guiar a un equipo hacia un objetivo.

Entonces quiero decirte que, si estas a cargo de un equipo y estas viviendo dificultades, momentos difíciles, momentos negativos, está bien, la vida misma en el camino los va a ir solucionando, pero mientras lideres, acostúmbrate a entrenar tu actitud permanentemente. Quiero también darte un consejo importante para que afines tu actitud, que tengas un mentor. Una frase que me gusta mucho dice algo así: "El lugar más alto en el que puede estar un líder es bajo autoridad de otro líder", nunca podemos cometer el error de creernos producto terminado, nunca podemos pensar que ya nos la sabemos todas, nunca podemos esperar ser autónomos completamente; siempre, como líderes, tenemos que mantenernos sujetos a una figura de autoridad, a un mentor, a una persona a la que, por más resultados que tú tengas, incluso sobre él, puedas acudir para que te de su sabiduría.

Te voy a poner un ejemplo una vez más. Si tú eres un entrenador deportivo y tuviste un profesor toda tu vida que fue el que te formó, puede que llegue un momento en el que el discípulo supere al maestro, que tú ganes más dinero que él, puede que tú seas más exitoso que él pero sigue siendo tu *sensei*, él sigue siendo tu profe, sigue siendo tu líder. Aplica también en una relación padre-hijo, puede que superes a tu padre, que seas más inteligente, que ganes mucho más dinero que él que hayas sido más exitoso en la vida, pero tu padre sigue siendo tu padre, por ende sigue siendo tu líder, por darte otro ejemplo. Siempre que somos líderes debemos tener alguien a quién rendirle cuentas y no necesariamente un jefe, sino una torre de control a la cual podemos acudir cuando necesitemos orientación. Entonces, identifica quién es ese mentor, y con ese mentor sí te puedes quejar, con ese mentor sí puedes llorar, con él si puedes hablar de todos tus problemas y descargar toda tu frustración emocional, pero con el equipo no. Es decir, podemos ser débiles para arriba, pero siempre fuertes para abajo; podemos acudir por consejos y mostrarnos vulnerables hacia arriba, pero siempre fuertes, siempre claros hacia abajo. Y te vas a dar cuenta que si tú cuidas esa actitud, trabajas en ella, la cultivas y eres consciente de cuál es la energía que estás transmitiendo en este momento (si es negativa la cambias inmediatamente), llegará un momento en que tu actitud frente a tu equipo siempre será positiva, siempre será correcta, siempre será propositiva y optimista. Cuando la gente percibe que su líder siempre está vibrando en el mismo estado emocional, a eso se le llama ser un líder profesional y automáticamente, sin que tú se los pidas, es lo que van a irradiar todos los demás, es lo que van a replicar como un ADN organizacional, mejor conocido como cultura organizacional.

El líder muchas veces no tiene que hablar para enseñar, solamente con su actitud, la forma en que trata a la gente, su energía y optimismo, con eso ya está hablando y eso comunica mucho más que las palabras. Así que, si estás liderando a un equipo y en este momento la energía no es la adecuada, pregúntate qué es lo que estás emitiendo.

Recuerda siempre lo siguiente: del líder no pueden salir quejas, del líder no pueden salir críticas, el líder siempre debe edificar y hablar en positivo frente a su equipo en relación a los demás. Jamás permitas que te vean hablar mal de nadie, y no estoy diciendo con esto que tienes que ser perfecto, para nada, pero sí tienes que ser un ejemplo, un modelo a seguir. Si en tu equipo percibes que se está hablando mal de alguien, no caigas en ese juego, en esa trampa, y si lo puedes cortar, mucho mejor. Si percibes que un grupo de personas de tu equipo se están quejando de algo, tienes que ir a cambiarles esa actitud mental y decirles, "Tenemos muchos más motivos que agradecer que motivos para quejarnos. Déjenle la queja a los niños o a otras personas y cambien esa actitud. Observen lo que ya hemos logrado en comparación con lo que nos falta".

Recuerda, el líder es un agente de cambio energético, no sólo deja la actitud del equipo a la deriva, sino que intencionalmente la transforma, va y la cambia, si es necesario, con amor pero con firmeza. Practícalo, te invito a que todos los días seas consciente de trabajar tú actitud, recuerda que la actitud es como un músculo que se entrena en el gimnasio. Si un músculo lo tonificas, tarde o temprano es una fortaleza que tienes a tu favor, así que vamos a cuidarla y recuerda que ahí tienes tu siguiente nivel en el liderazgo.

Desarrollo personal de un líder

Voy a compartirte cuál debe ser la mentalidad y el desarrollo personal de un líder, así como la importancia de desarrollar habilidades blandas.

- La educación formal te dará una vida, pero la autoeducación te puede dar fortunas, por eso tú eres y debes ser el primero y el único interesado en tu propio crecimiento personal, ya que el único responsable de tus resultados eres tú mismo. Si la empresa o alguno de tus líderes en algún momento te paga un curso, una capacitación, está bien, pero quien debe ser el primero en comprarlo eres tú. Las herramientas como esta que tienes en tus manos no te la dará la educación tradicional, las habilidades que necesitaras para estar donde quieras estar las vas a tener que adquirir por tu propia cuenta, por eso, recuerda esta frase: la educación tradicional te dará una vida, pero la autoeducación te dará fortunas. Asiste a muchas conferencias, a talleres, capacitaciones que te ayuden a convertirte en una persona más valiosa.

- Recuerda: no es lo que cueste el libro, sino lo que te costará no leerlo. Cuando entres a una tienda de libros no escatimes en el precio, si la voz de tu alma te dice "debes leerlo", esa es la señal de que debes llevártelo, devorarlo y aplicarlo.

- Como líder nunca desees que las cosas sean más fáciles, desea ser mejor, desea tener más conocimiento, más capacidad, más competencias, desea otro curso, desea otra capacitación, desea otra conferencia porque el que tú mejores y seas más capaz es lo que hace que sea fácil. Cámbiate el chip.

- Para que las cosas cambien tú eres el que debe cambiar. Muchas veces como líderes queremos hacer cambios, pero también en muchas ocasiones es el líder el que debe cambiar y mejorar.

- Si algún día piensas en éxito, lo que debes saber en relación a esto es, que éxito es lo que atraes cuando te vuelves atractivo a los demás. Cuando desarrollas liderazgo, indiscutiblemente te vuelves irresistible para otros.

- Ten presente siempre que el éxito es un juego de números: cuántos libros has leído este año, cuántas presentaciones estas dando, cuántas citas estás sacando, a cuántas personas les estás haciendo saber de tus productos o servicios, cuántos talleres estás tomando, cuánto ingresas a tu cuenta, cuánto egresas de tu cuenta.

- Rodéate de la gente más exitosa que conozcas, ¿sabes por qué? Porque algo se te va a pegar. De las mejores decisiones e inversiones que he hecho en mi vida es invitar a desayunar o a tomar un café a alguien que yo admire. Nunca temas pedirle a alguien que te enseñe. Si alguien tiene lo que tú no tienes es porque esa persona sabe algo que tú no sabes, nada más.

- Si crees que ya trabajas duro en tu trabajo, debes trabajar aún más duro en ti y seguirte mejorando porque el éxito se trabaja trabajando más duro en ti que en tu trabajo.

- Nunca sigas a alguien por ignorancia, si vas a ser seguidor que sea porque te conviene, por convicción, no por ignorancia, de esos ya hay muchos. De verdad no te imaginas la cantidad de gente que he visto seguir por ignorancia, ciegos intentando guiar a otros ciegos. Lo vemos en la política, religión, en cada industria hay gente siguiendo por ignorancia. Pues no seas de esos.

- Cuando sientas que las cosas se ponen duras como líder, no pidas otra empresa, no pidas otro equipo, no pidas otro país, no pidas otro presidente, no retes al sistema, mejor pide otro libro, pide otra conferencia, pide otro seminario. Lo que has logrado hasta este punto es por la persona en la que te has convertido y para seguir avanzando y llevar a tu equipo o a tu emprendimiento al siguiente nivel necesitas seguir creciendo. Los líderes que más daño le hacen a una organización son lo que creen que ya llegaron a donde tenían que llegar, así como los que deciden no seguirse mejorando a sí mismo.

- Líder, no esperes un aumento de sueldo, vuélvete más valioso y atractivo para tu organización. Una persona con otro tipo de mentalidad esperaría su empresa lo promueva o le dé un aumento, sin embargo, un líder con un nivel de consciencia superior sabe y entiende que su éxito depende de él mismo, por lo tanto decide volverse más valioso y atractivo, así que no permitas distracciones.

- Líder, trabaja en tu filosofía, en tu actitud, en tu forma de hablar, de conducirte, trabaja en tu personalidad.

¡Presta atención a esto! Desarrollar el liderazgo es una aspiración valiosa y significativa que puede tener un impacto profundo en tu vida y en la vida de aquellos que te rodean. Desarrollar tus habilidades de liderazgo te va a impulsar a crecer continuamente en el ámbito personal. Te obligará a salir de tu zona de confort y a enfrentar desafíos que, de otro modo, podrías evitar. Este crecimiento se manifiesta en diversas áreas, como es el autoconocimiento, ya que el liderazgo efectivo comienza con un profundo conocimiento de uno mismo. Conforme vayas desarrollando tu liderazgo, aprenderás a identificar tus fortalezas y debilidades, lo que te permitirá trabajar en ellas y poco a poco ser una mejor versión de ti, lo cual te ayudará a convertirte en una persona más valiosa y atractiva a los demás. Tendrás más confianza en ti mismo a medida que asumes roles de liderazgo y enfrentas desafíos. La experiencia de tomar decisiones importantes y guiar a otros te fortalecerá y te hará sentir más seguro en tus capacidades.

Los líderes a menudo enfrentan adversidades y fracasos. Al desarrollar tus habilidades de liderazgo, aprenderás a ser resiliente, a manejar el estrés y a recuperar el equilibrio después de las dificultades, porque, créeme, vas a tener momentos de tensión donde literalmente vas a tener que echarle peligro.

Ser un buen líder significa tener la capacidad de influir en la vida de otros. Tu desarrollo como líder puede inspirar y motivar a aquellos que te rodean, generando un efecto multiplicador de cambios positivos. Un líder efectivo puede inspirar a su equipo a alcanzar metas más altas y a superar obstáculos. Tu capacidad para motivar y guiar a otros puede ayudar a las personas a descubrir y aprovechar su máximo potencial, pero recuerda siempre que el desarrollo personal es la clave.

El líder juega un papel crucial en el desarrollo del talento de su equipo. Al invertir en ti y en tu crecimiento personal, vas a guiar, ser un mentor para otros como lo haría un líder transformador (más adelante te hablaré de eso), ayudándoles a crecer profesional y personalmente.

Un buen líder establece el tono y la cultura de su organización. Tener estas competencias de liderazgo te permitirá fomentar un ambiente de trabajo positivo y colaborativo donde las personas se sientan valoradas y motivadas.

Entonces, ¿qué te quiero realmente decir cuando hablo de la importancia del desarrollo personal como líder? Que el liderazgo es una habilidad altamente valorada en el mundo profesional. Desarrollar tus capacidades de liderazgo te puede abrir muchas puertas y ofrecer numerosas oportunidades de crecimiento en tu carrera. Esto es algo que sigo viendo, ya que yo también sigo creciendo como líder, trabajando aún en mi desarrollo personal.

Las empresas buscan líderes que puedan guiar equipos y proyectos hacia el éxito. Al demostrar tu talento como líder y esa capacidad para influir en otros, es más probable que seas considerado para ascensos y roles de mayor responsabilidad. Los buenos líderes son conocidos por su capacidad para tomar decisiones acertadas y, si es posible, estratégicas.

Entre más desarrollo personal y humano tengas, más mejorarás tu capacidad de análisis y juicio, lo que te permitirá tomar decisiones más acertadas y beneficiosas para tu equipo u organización. Ser un líder te coloca en posiciones donde puedes establecer relaciones valiosas con otros líderes y profesionales; recuerda que lo semejante atrae lo semejante. Estas conexiones pueden ser cruciales para tu crecimiento profesional y para abrir nuevas oportunidades en el futuro.

Los líderes tenemos la capacidad, este poder único, de influir en el cambio. Si deseas tener un impacto significativo en tu equipo, en tu organización, o hasta en el mundo, tu desarrollo personal y tus habilidades de liderazgo son esenciales.

Habilidades blandas (soft skills)

Una de las principales exigencias en el liderazgo, como ya mencionamos anteriormente, es el desarrollo personal. El desarrollo del liderazgo exige contar con habilidades blandas. Las habilidades blandas son las competencias personales que permiten a las personas interactuar de forma efectiva con los demás, son habilidades intangibles relacionadas con la forma en que trabajas y te relacionas con los demás, como la comunicación, el trabajo en equipo, la empatía, la resolución de conflictos, la inteligencia emocional. Por ejemplo, un líder efectivo no sólo debe dirigir el proyecto, sino que debe motivar a su equipo comunicándose de manera clara y positiva.

Las habilidades blandas son cruciales en la construcción de relaciones, contar con estas le ayuda a un líder a mejorar significativamente el ambiente de trabajo y, como consecuencia, la productividad. Pero aquí viene el pero, cuando un líder es posicional, no cuenta, en su portafolio de herramientas, con estas llamadas *soft skills*, y por eso es que su liderazgo es posicional.

Más adelante hablaremos de estas habilidades y a que me refiero con posicional, pero entendamos algo antes. Cuando un líder decide no seguir creciendo en su liderazgo y quedarse ahí en la posición de respaldo nada más, va a suceder una de dos cosas: este líder va a terminar desarrollando un liderazgo paternalista o un liderazgo autoritario.

Existen siete habilidades blandas que necesitas para lograr el crecimiento profesional.

Inteligencia emocional

Se conoce como la capacidad de reconocer y manejar tus emociones y las emociones de los demás. La inteligencia emocional se reduce a algunas habilidades clave como:

a. La autoconciencia, ya que los líderes emocionalmente inteligentes comprenden sus propias emociones, fortalezas y debilidades. Hazte estas preguntas: ¿puedes reconocer y regular tus emociones?, ¿puedes construir buenas relaciones con los demás?, ¿puedes dar y recibir retroalimentación efectiva y constructiva? Puede que no parezca la habilidad más importante para el éxito laboral, pero, créeme, en algunos casos lo es.

b. La empatía, para poder comprender y considerar los sentimientos y perspectivas de los demás, lo que les permite conectar con su equipo, motivarlos y resolver conflictos de manera efectiva.

Cuando los líderes poseen inteligencia emocional, pueden crear un entorno de trabajo positivo donde los colaboradores se sientan valorados, motivados y comprometidos. En resumen, la inteligencia emocional en el liderazgo es esencial para el éxito tanto individual como organizacional.

Habilidad interpersonal

La actitud de jugar en equipo, conocida como habilidad interpersonal o habilidad social, es esencial para un liderazgo efectivo. Esta habilidad implica la capacidad de relacionarse positivamente con las personas, comunicarse de manera efectiva y construir relaciones sólidas, permitiéndole al líder conectar a un nivel más profundo con su equipo y responder de manera adecuada a sus emociones y preocupaciones.

Un líder que sabe jugar, o trabajar en equipo, dicho propiamente, sabe cómo expresar sus ideas, escuchar activamente a los demás y transmitir mensajes de manera clara y comprensible; promueve la comunicación abierta y honesta, fomentando confianza y entendimiento mutuo en el equipo. La habilidad blanda de jugar en equipo es fundamental para el éxito en el liderazgo, ya que contribuye a la construcción de relaciones sólidas y un ambiente de trabajo productivo y positivo.

Mentalidad de crecimiento

Esta habilidad es crucial para el desarrollo personal y profesional de un líder, así como para el éxito de su equipo y organización. Esta mentalidad se caracteriza por la creencia en la capacidad de aprender, crecer y cambiar a lo largo del tiempo.

Un líder con mentalidad de crecimiento está buscando constantemente oportunidades para aprender y desarrollarse, esto le permite mantenerse al día con tendencias. Además, y lo que es también muy importante, promueve la resiliencia, ayuda a promover los desafíos con actitud positiva y constructiva, y fomenta la innovación, si es el caso, ya que está abierto a nuevas ideas.

Los líderes con mentalidad de crecimiento son modelos a seguir, ya que su mentalidad puede inspirar a otros a adoptar la misma actitud. Esta habilidad es fundamental para el éxito a largo plazo de un líder.

Apertura a la retroalimentación

La retroalimentación es fundamental para un líder, ya que fomenta el crecimiento y el desarrollo. Al proporcionar retroalimentación constructiva, ayuda a los miembros del equipo a identificar sus fortalezas y áreas de mejora, específicamente permite a los integrantes de un equipo comprender lo que están haciendo bien y dónde pueden mejorar.

Tener apertura a la retroalimentación fortalece la confianza y la relación. Los líderes que ofrecen retroalimentación de manera honesta y respetuosa demuestran su compromiso con el crecimiento y éxito de su equipo, esto fortalece la confianza entre el líder y su equipo. Además, la retroalimentación ayuda a crear un ambiente positivo y colaborativo, y puede inclusive alinear las expectativas del líder y del equipo, asegurando que todos estén, como a veces les digo, en la misma página.

La retroalimentación es una habilidad blanda esencial para un líder, ya que contribuye al desarrollo colectivo y fortalece la relación entre el líder y su equipo.

Adaptabilidad

Es una habilidad blanda crucial para el líder en el mundo empresarial en constante cambio y evolución, pero la pregunta claves es por qué es tan importante. Bueno, porque un líder con esta habilidad puede adaptarse rápidamente a nuevas circunstancias, desafíos u oportunidades. Esto le permite tomar decisiones efectivas en situaciones cambiantes manteniendo la estabilidad y hasta el progreso del equipo.

La adaptabilidad implica tener calma, resiliencia y claridad mental incluso en situaciones estresantes. Los líderes que son capaces de manejar el estrés de manera efectiva son capaces de inspirar confianza a su equipo y mantener un ambiente de trabajo positivo. Por otro lado, los líderes adaptables también están abiertos a nuevas ideas o a aprender de los errores.

La adaptabilidad implica comprender y adaptarse a las necesidades, ya sea de su empresa o del estilo de trabajo de su equipo. Los líderes adaptables fomentan un ambiente de trabajo donde la innovación y la creatividad es valorada, incluso esta actitud significa salir de una zona de confort, lo cual le permite responder de manera efectiva a los desafíos y oportunidades en un entorno empresarial.

Un líder adaptable es capaz de guiar a su equipo hacia el éxito en cualquier situación.

Escucha activa

Esta habilidad es crucial en la comunicación efectiva y la construcción de relaciones sólidas. Escuchar activamente implica prestar atención completa a lo que dice el otro, comprendiendo no sólo las palabras sino el contexto y las emociones detrás del mensaje, porque, como les digo en mis sesiones de liderazgo, una cosa es lo que se dice y otra es lo que se quiere decir, a eso me refiero con el contexto. Esto le permite al líder comprender mejor las necesidades, preocupaciones y perspectivas de su equipo.

Cuando un líder practica la escucha activa, demuestra respeto y consideración hacia su equipo, esto también le ayuda mucho a construir relaciones de confianza y respeto mutuo, pero además promueve la colaboración, la lealtad, el sentido de pertenencia y de permanencia en esa empresa. La escucha activa fomenta un ambiente donde los miembros del equipo se sienten cómodos compartiendo sus ideas, preocupaciones o sugerencias, esto lo puede llevar a una mayor participación y creatividad o, como dice mi gran amigo, Alejandro Kasuga, a lograr el K3 de su metodología Kisukai, que es la proactividad.

Ética laboral

Esta habilidad es fundamental, ya que influye en la cultura organizacional, el compromiso del equipo y la reputación de la empresa. Los líderes con ética laboral son los verdaderos modelos a seguir para su equipo por su integridad, honestidad y profesionalismo; inspiran confianza y respeto y esta actitud la establecen como un estándar de conducta para toda la organización.

Cuando los integrantes de un equipo saben que su líder es ético y justo en sus acciones, se vuelven seguidores, promoviendo también el trabajo positivo y colaborativo. Los líderes éticos son abiertos y transparentes en su comunicación hacia el equipo; comparten información de manera honesta y oportuna, lo que ayuda a evitar malentendidos, rumores y promueve la unión de equipo. Los líderes éticos toman decisiones justas y equitativas reflejando sus valores; protegen la reputación de su empresa, ya que saben que sus acciones tienen un impacto directo en esta; y ayudan a construir la marca y la imagen de la empresa ante los clientes, inversores o comunidad en general.

La ética de un líder contribuye al bienestar, prosperidad y al éxito de su equipo y organización.

EL ARRANQUE

He conocido a malos líderes en buenos cargos y a buenos líderes sin un puesto. Hubo una época en el que la gente confiaba mucho en la posición para liderar; anteriormente, y aún en muchos lugares, las posiciones eran hereditarias, el liderazgo se transmitía de padre a hijo dentro de las familias. En otros países los príncipes se convierten en reyes y sus decisiones son ley para bien o para mal. En el pasado bastaba una orden del jefe para motivar al empleado, pero los líderes hoy en día deben desarrollar algunas habilidades adicionales para poder no sólo motivar sino lograr más compromiso con el cumplimiento de las metas en los diferentes procesos.

La palabra líder ya no tiene ninguna semejanza con la de jefe. Los jefes tienen subordinados o súbditos, los líderes tienen seguidores, y los verdaderos líderes transforman a sus seguidores en líderes también, por lo tanto, el liderazgo no está en los genes, está en la experiencia y en la capacitación. Alguien en una empresa puede estar en la última fila pero, como siempre digo en cada curso de liderazgo, ahí es un buen lugar para comenzar porqué con la actitud, la capacitación y el conocimiento correctos, esa persona puede estar al frente del grupo mañana. Es fundamental que sepas que la posición no te da el liderazgo, sino es tu liderazgo, tu postura y seguridad lo que en algún momento te darán la posición.

He conocido a muchas personas que piensan así, erróneamente: "¡Cuando me den ese puesto que quiero, el equipo seguirá mis instrucciones y mis ordenes!" El tipo de personas que adquieren la posición a través de este medio terminan siendo líderes posicionales (más adelante voy a explicar a qué me refiero con liderazgo posicional). Tradicionalmente, se dice también que los líderes nacen, aunque hay otros que dicen que se hacen, sin embargo, te puedo asegurar que los líderes se desarrollan, porque el liderazgo es un proceso. El dominio del liderazgo o, mejor dicho, los pasos para llegar a ser un buen líder son una combinación de numerosas capacidades y vamos a ver algunas de ellas durante el camino.

El liderazgo representa aspectos paradójicos, en otras palabras, tiene ventajas y desventajas, así como también hay diferentes estilos de liderazgo y el estilo personal de un líder puede ser adecuado para ciertas situaciones e inadecuado para otras. Algo muy importante que debemos resaltar es que una empresa podrá contar con manuales operativos, tener bien definidos sus perfiles de trabajo, tener un sistema administrativo, inclusive una muy buena metodología de trabajo, pero sin un liderazgo efectivo simplemente los resultados que desean no los verán, ya que el liderazgo es ese elemento clave que hace que tener un buen sistema funcione o, si no, habrá que hacerlo funcionar.

El liderazgo es el arte de lograr más de lo que la ciencia administrativa nos dice que es posible.

LIDERAZGO POSICIONAL

Cuando una persona comienza su carrera en el liderazgo emprendiendo, o inclusive cuando ya tiene tiempo al frente de un equipo pero en realidad no sabe liderar, sucede lo siguiente: tiene la posición de líder pero no es un líder. Esto es muy común en las empresas.

¿Y qué sucede en esta situación? Su equipo, la gente que tiene a su cargo, son sus subordinados y hacen las cosas que deben hacer porque tienen que hacerlas; en otras palabras, las personas no es que quieran hacer lo que deben hacer sino que las hacen porque tienen que hacerlo, y es que hay una gran diferencia entre querer hacer algo y tener que hacer algo. Una pregunta obligada en mis talleres es: "¿Ustedes quieren que su equipo haga las cosas porque quieren o porque tienen?"

En este punto el que está de líder es más parecido a un jefe: es la cabeza del departamento, es quien controla, dirige, administra, manda, se hace cargo de, supervisa, encausa, domina, gobierna, encarrila, rige, pero no lidera, sino dirige desde el puesto que tiene. Entonces la gente está sujeta a lo que diga y es que, cuando uno comienza esta carrera en el liderazgo (ya sea emprendiendo o trabajando en una empresa) ocupar un puesto de liderazgo, incluso no siendo un líder todavía, es un buen punto de partida porque nos da la oportunidad de aprender y de ir descubriendo qué estilo de liderazgo vamos a desarrollar y principalmente entender. Así es como lo deberíamos ver: que es un buen punto de partida, pero no para permanecer ahí como líderes posicionales, líderes cuyo único respaldo es un puesto.

En el momento en el que nos dan un cargo hay que celebrar que alguien con mayor jerarquía confía en nosotros, vio nuestro talento, cree en nosotros y nos han dado una silla en la mesa de ejecutivos y esta posición la deberíamos de ver como una oportunidad tanto para servir a los demás como para seguir creciendo como líderes. Pero, en realidad, esto no funciona así. Cuando a una persona se le da un cargo, piensa que estará para servirse de los demás y ahora ya tendrá que trabajar menos, lo cual es un error, porque la mayoría de las veces es al revés. En estos casos, como líderes posicionales o personas que están en un puesto de mando puede suceder que a las personas de su equipo el líder no les cae bien y en muchas ocasiones el líder tiene personas que no quiere. ¿Y sabes qué sucede en un equipo de trabajo cuando el líder no le cae bien a los integrantes de su grupo o viceversa? Simplemente no lograrán los resultados ni se acercarán a esa visión de empresa.

Cuando una empresa tiene este tipo de líderes, generalmente el equipo desarrolla actitudes burócratas. ¿A qué me refiero? Que siempre buscarán hacer el mínimo posible, no trabajarán pensando en dar su máximo esfuerzo y poner todo su talento, sino todo lo contrario, en su mente estará la frase: ¿qué es lo mínimo que yo debo aquí hacer para que no me corran? De hecho, esta es su mentalidad: que se acabe el día, cobrar sus pequeñas comisiones, propinas o su sueldo siempre cuidando trabajar lo menos posible según las normas establecidas. Una vez más, este tipo actitudes en los colaboradores se da debido al pobre liderazgo que se vive en esa organización: un liderazgo que es netamente posicional, donde el líder se recarga en su puesto de trabajo, se apoya en su posición como si fuera una muleta para mover a su gente y dirigirlos, por falta de preparación, por falta de dominio del liderazgo, por no poseer las herramientas para lograr un cambio de actitud en su equipo. Entonces no hay un auténtico liderazgo y como consecuencia no se logra extraer mucha energía para que se entreguen a la organización, tienen mucha rotación de personal o, dicho en otras palabras, no hay sentido de compromiso en los equipos; no se logra desarrollar ese nivel de responsabilidad que muchas veces se espera. ¿Te suena familiar?

En esta situación no hay mucha energía por parte del equipo, ya que es muy complicado que alguien dé lo mejor de sí mismo cuando la persona que tiene al frente no se quiere, cuando esta no ha expresado valor por el talento que tiene en su equipo.

Muy bien, entonces entendamos algo: tener una posición de líder no te hace ser el líder todavía, sino que te da la oportunidad de liderar y la primera meta de todo líder que comienza en un puesto es demostrar, tanto a su equipo como a la persona que lo puso ahí, que merece la posición que le fue otorgada y la manera cómo debería ver eso es que recibió una invitación a seguir creciendo, a cambiar vidas y marcar una diferencia.

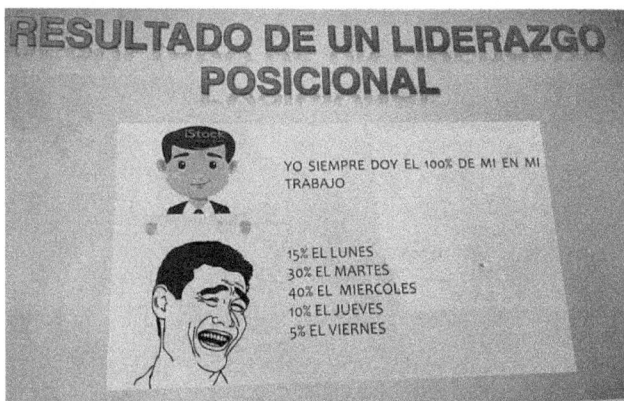

RESULTADO DE UN LIDERAZGO POSICIONAL

YO SIEMPRE DOY EL 100% DE MI EN MI TRABAJO

15% EL LUNES
30% EL MARTES
40% EL MIERCOLES
10% EL JUEVES
5% EL VIERNES

LIDERAZGO AUTORITARIO

Vamos a analizar el liderazgo autoritario que, como ya dijimos anteriormente, es una de las dos maneras de liderazgo en las que desemboca el liderazgo posicional cuando no hay realmente desarrollo personal.

Ser un líder autoritario implica tener un control firme sobre un grupo, sí, pero este control llega a generar resentimiento y falta de motivación en los seguidores. El liderazgo autoritario basado en el miedo y la intimidación puede dar resultados a corto plazo, pero a largo plazo es contraproducente. ¿Qué te quiero decir con esto? Que ser un líder autoritario no es inherentemente malo ni bueno. Como parte de tu crecimiento como líder, debes saber qué es, cómo y en qué momento aplicarlo o dejar de aplicarlo.

Te comparto un poco de mi experiencia como ejemplo.

En muchas ocasiones me han presentado como asesor de un equipo de trabajo y los propietarios de las empresas me presentan a su equipo empoderándome: "¡Lo que Imberg les diga aquí es como si lo dijera yo! Es ley". Ok, analicemos esto. Automáticamente me ponen sobre el grupo, sin embargo yo sé que no tengo el liderazgo. Sucede en algunos de esos equipos las cosas no están bien, observo que muchas veces son poco responsables, poco comprometidos, algunos están mal acostumbrados a llegar tarde sin amonestación y no sienten pasión por servir a sus clientes, y además son rebeldes. Muy bien, en estos casos yo utilizo este estilo de liderazgo, el autoritario. Primero porque es necesario enviar un mensaje claro de quién es el sheriff del pueblo y cuáles son las leyes que se deben respetar. Segundo, porque el mensaje que quiero enviar es de cambios, que las cosas se van a hacer de una forma diferente, para que también el resultado sea otro. Pero alerta a lo que te voy a decir, mi querido líder lector, no es bueno quedarse aquí en este estilo de liderazgo por siempre, porque también el equipo se termina cansado de un líder autoritario, líder por posición.

A corto plazo nos sirve para poner orden, tomar el control, dar un mensaje claro sobre los cambios que vamos a hacer. Aplicar un poco de mano dura en un equipo con malos hábitos laborales es necesario, pero debes saber en qué momento dejar de ser un líder autoritario y pasarte a ser un líder que construye relaciones.

Por ahora, dejemos muy claro qué es y qué implica ser un líder autoritario.

A un líder autoritario lo podemos entender también como aquel que toma decisiones unilaterales, es decir, sin consultar al equipo. Impone reglas estrictas sin tener en cuenta las opiniones de los demás, utiliza el miedo o la intimidación para mantener el control y es reactivo cuando se enfrenta a desafíos o críticas; llega a gritar o levantar la voz a sus empleados para expresar su autoridad y hacerse escuchar, sin preocuparse por el impacto que genera en el ambiente laboral. El liderazgo autoritario tiene sus ventajas y desventajas, aquí te comparto algunas características y ejemplos de ello.

- Toma decisiones sin consultar al equipo
- Se impone siempre o usa reglas estrictas
- Grita para ser escuchado
- Divide para controlar
- Tiene poca tolerancia
- Es demasiado colérico
- Actúa sin pensar
- Dirige con intimidación
- Utiliza el miedo como herramienta para mantener el control
- Pierde el control de sí mismo y no acepta críticas
- Busca ganar o tener la razón
- Se cree autosuficiente
- No delega responsabilidades
- Quiere controlar cada aspecto del trabajo de sus subordinados
- Dirige a través de la exigencia y exige obediencia a ciegas
- Es rápido, desesperado

- No fomenta un ambiente de confianza sino de competencia

- No muestra empatía ni preocupación por el bienestar emocional de los miembros del equipo

- Es líder porque se le otorgó el poder

Algunas cualidades que podrían ser contextualmente positivas son:

- Toma rápida de decisiones: un líder autoritario puede ser capaz de tomar cierto tipo de decisiones rápidas sin perder tiempo en largos procesos de consulta.

- Claridad en las expectativas: un líder autoritario es claro sobre lo que se espera del equipo al establecer reglas y normas de manera firme.

- Eficacia en situaciones de crisis: en momentos de crisis o emergencia, un líder autoritario puede tomar el control rápidamente y coordinar las acciones del equipo de manera eficiente.

- Disciplina y rendimiento: en entornos donde se requiere cumplimiento estricto de normas y procedimientos, un líder autoritario puede garantizar que se mantenga la disciplina y se alcancen los objetivos establecidos.

- Seguridad a la hora de tomar decisiones: al asumir la responsabilidad total de las decisiones, un líder autoritario puede proporcionar una sensación de seguridad y estabilidad para el equipo.

Con la imposición encontramos resistencia; con la convicción encontramos disposición.

Vayamos ahora a otro estilo de liderazgo en el que también puede desembocar el liderazgo posicional, el paternalista.

LIDERAZGO PATERNALISTA

El liderazgo paternalista, como su nombre lo dice, es un estilo en el que el líder actúa como una figura paterna o materna para sus subordinados. Este estilo de liderazgo, en muchas ocasiones, se da en un equipo debido a la falta de carácter en un líder. Aunque yo me atrevo a decirte que más que falta de carácter es por falta de información.

Este estilo de liderazgo, aunque también presenta ventajas y desventajas, no es sinónimo de malo; al igual que el autoritario, tiene momentos en los que es válido recurrir a él. Aquí lo más importante es saber en qué momento ser paternalista y en qué momento dejar de serlo. Veamos algunas de sus características.

- Sobreprotección
- Genera dependencia en la gente
- Incapacita a su propio equipo para tomar decisiones por sí mismo
- Tolera la incompetencia

- Le gusta estar bien con todos, siempre
- Su forma de dirigir es siempre la misma
- Genera la pérdida de motivación
- Corrige las mismas fallas en la gente
- Es melancólico y flemático
- No defiende sus opiniones o ideas
- Huye para no enfrentar los conflictos
- Protege sus propios escenarios
- Dirige a través de la aceptación
- Suele ser lento y sobre analítico

Algunas cualidades que podrían ser contextualmente positivas son:

- Cultiva un ambiente de trabajo en el que los subordinados se sienten valorados y cuidados
- Al sentirse valorados y cuidados, en algunos casos aumenta su compromiso y lealtad hacia la organización
- Promueve una relación más fuerte entre el líder y seguidores
- Facilita la comunicación abierta y la resolución de problemas
- Brinda apoyo y orientación personalizada
- Contribuye al desarrollo profesional y personal de su equipo
- Genera, cuando está bien equilibrado, un ambiente de trabajo más unido y productivo

Muy bien, cómo puedes ver esto sucede cuando el líder comienza apenas a aprender a ser un líder, o cuando ya tiene años dirigiendo y ha decidido no crecer o desarrollar su liderazgo, porque, recuerda, muchas personas confunden tener experiencia con tener años repetidos.

Cuenta la historia que, en una ocasión, un hombre llega a su casa y pide a su esposa que se siente con él unos minutos a platicar sobre lo sucedido ese día en la empresa en la que él trabaja desde hace veinte años. Con emociones encontradas, le cuenta a su atenta esposa, quien se encuentra ansiosa por saber qué es lo que tiene a su marido agitado, que su jefe inmediato ha muerto, quien además era también su compadre.

Le cuenta que va a extrañar ya no tener a ese gran amigo con quien se reunía los fines de semana a beber unas cervezas, pero al mismo tiempo le emociona saber que él sería el próximo líder, el próximo gerente, ya que nadie cuenta con más experiencia ni antigüedad en la empresa, lo cual de alguna manera mitiga el dolor de la pérdida de su compadre. Esa misma noche pide a su esposa se arregle porque van a celebrar, en una cena, su nuevo ascenso, rindiendo a la vez homenaje a su compadre.

Al día siguiente el hombre se presenta muy elegante, con traje nuevo y de corbata, a la junta donde presentarán al nuevo gerente de la compañía. El propietario, después de dar su discurso de despedida y buen viaje a la otra vida a su exgerente, les anuncia a todos que ya tienen en la empresa a quien será su nuevo gerente y que, debido a su experiencia y habilidades demostradas, este reúne todas la competencias para llevar al equipo a nuevos objetivos establecidos. ¡Cuál va siendo la sorpresa cuando el nuevo gerente resulta ser un joven de apenas veintiséis años que lleva en la empresa trabajando tres!

Inmediatamente nuestro creyente compadre reclama al propietario en plena junta, "¿Cómo es posible que una persona mucho más joven e inexperta y casi sin experiencia ocupe el puesto de gerente cuando yo tengo muchísima más experiencia y veinte años trabajando aquí? Explíqueme". A lo cual el propietario simplemente contesta: "Es verdad que es más joven que usted, mas no más inexperto; y también es verdad que tiene menos años trabajando que usted, pero en el corto tiempo que lleva trabajando nos ha presentado más propuestas de mejoras e incrementos de venta que los que usted lleva en veinte años, lo cual nos ha demostrado, con hechos, que merece la posición otorgada. Usted, en cambio, ha confundido años con experiencia, y su trabajo en la empresa ha demostrado que su experiencia es apenas de un año repetido veinte veces".

Esto es lo mismo que les pasa a muchos líderes posicionales cuando deciden no desarrollar su liderazgo.

Échale peligro y haz que la chuleta te persiga.

Reflexión ganadora

Si usted decide no crecer en su liderazgo, es mejor que se acostumbre a estar donde quiera que esté, porque es muy probable que su situación no mejore.

El líder que conecta

Muy bien, sígueme en esto y no te me pierdas. Ya entendimos qué significa ser un líder posicional y también establecimos que permanecer ahí mucho tiempo nos llevará a ser líderes autoritarios o paternalistas, entonces lo que debemos hacer para seguir mejorando en nuestro liderazgo y aumentar nuestra influencia es ser líderes que construyen relaciones, que conectan con su gente.

Hay una frase que dice así: "La gente no irá contigo hasta que no se la lleve bien contigo". Esto significa que es muy importante para tu liderazgo ser una persona que crea puentes con otros, que construye relaciones y, ya seas vendedor, gerente, emprendedor o entrenador de equipo, no importa, las relaciones son esenciales para el éxito en cualquier campo. Construir relaciones es el primer paso para que una persona pase de ser un subordinado a ser un seguidor y en este proceso muchas cosas comienzan a mejorar y a cambiar.

Un líder posicional difícilmente crea vínculos y construye relaciones, es más bien el poder de su cargo el que juega el rol principal. Analiza esto: cuando hay un líder posicional, el equipo hace las cosas porque tienen que hacerlas, no se trata de si les gusta o no, es un intercambio de dinero por trabajo, a diferencia del equipo de un líder que construye relaciones y se preocupa por su equipo, en este caso el equipo le responde de una manera diferente. ¿Cómo? Haciendo las cosas porque les gusta hacerlas, quieren hacerlas, hasta disfrutan hacerlas.

Quiero hacerte una pregunta: ¿alguna vez tuviste en la escuela algún maestro o maestra que no te agradaba tanto o, mejor dicho, que no te caía bien? ¡Recuérdalo! Seguramente, ¿verdad? Esta pregunta la hago en mis talleres de liderazgo y las respuestas van, "el de matemáticas", "el de química", "la maestra de inglés", etc. Aquí va otra pregunta: ¿cómo reaccionabas en las clases?, ¿dabas lo mejor de ti?, ¿ponías todo tu empeño para conseguir las mejores notas con la clase de el/la ese maestr@ que no te agradaba? Seguramente no, ¿verdad? ¿Y sabes por qué? No fue por la materia, sino por el líder que la impartía, porque tristemente muchos maestros no se dan cuenta de la influencia tan grande que tienen sobre sus jóvenes estudiantes y muchísimos de ellos son maestros posicionales, solamente van a impartir esa clase por el pago que van a recibir, no lo hacen por vocación y menos porque sea su llamado y se preocupen por el aprendizaje y la mejora de su estudiante. Ingenuamente y sin saber muchos sobre liderazgo, no se dan cuenta de lo que son.

¡Ahora en otro escenario! ¿Tuviste algún maestr@ que sí te caía bien? ¿Como reaccionabas?, ¿cómo eras con ese maestr@? Yo estoy seguro de que muy diferente, ¿verdad? Es muy probable que con este sacaras mejores notas, que hubiera más empeño de tu parte por cumplir con las tareas o los trabajos, y eso es normal, así funciona este tema llamado "El líder que conecta". Tú y yo siempre damos algo mejor a quien nos agrada, entonces inmediatamente notamos un cambio de actitud y un montón de cosas cambian: la energía cambia, la percepción cambia.

Quiero que lo analices. No es lo mismo hacer las cosas porque quieres a hacerlas porque tienes que. Otro punto es que también el trabajo, o lo que hagas, se vuelve más agradable. Cuando el líder es posicional y de paso autoritario, eso hace que el trabajo sea más tenso; cuando el enfoque está en no equivocarse en lugar de en acertar y alcanzar objetivos, es difícil acertar y alcanzar objetivos. Entonces, si un líder construye relaciones con su equipo, las personas comienzan a gustarse, se desarrolla la química, clave para el trabajo en equipo.

Aquí una pregunta importante que nos deberíamos hacer es, ¿cómo dejo de ser un líder posicional?, ¿cómo paso de tener subordinados a tener seguidores?, ¿cómo le hago para cambiar en mi equipo esa mentalidad de *tener* que hacer las cosas por un *me gusta* hacer las cosas; que cambien esa mentalidad de *yo* por *nosotros*? Respuesta: conectando con los integrantes del equipo. El líder debe de conocer sus necesidades, sus sueños, saber qué es característico en sus vidas, conocer lo más que pueda de los integrantes del equipo y así construir empatía con ellos.

¿Y cómo hace esto el líder? Haciendo preguntas en el día a día, identificando sus fortalezas y áreas de oportunidad.

Este gran paso lo debe dar el que esté como líder sí o sí, si lo que busca es mejores resultados. Otra cosa que es fundamental es que el líder debe nutrir la confianza porque cualquier persona reacciona mejor ante alguien en quien confía que ante alguien en quien no, analízalo, pero la pregunta obligada es: ¿cómo ganar o construir confianza en mi equipo? Siendo transparente, consistente en tu forma de ser, honesto en tus acciones, congruente en lo que comunicas, cumpliendo con lo prometido, admitiendo errores y mostrando empatía hacia los demás. Y, desde luego, demostrando que tiene las competencias y que posees las habilidades para las tareas asignadas.

Recuerda que la primera meta de todo líder es demostrar, tanto a su equipo como al que lo puso ahí, que merece la posición que le fue otorgada. La confianza se va fortaleciendo con el tiempo y es un proceso.

Ahora, en este punto sí quiero darte una nota y la vamos a poner entre paréntesis (cuidado): cuando el líder está construyendo relaciones y siendo empático con su equipo, debemos estar atentos a no caer en el liderazgo paternalista. He conocido a muchos líderes que en este proceso de ir construyendo confianza se vuelven líderes débiles y se quedan ahí, tolerando de más, y más confundidos que nunca, al punto de no saber qué hacer después para posteriormente perder de vista completamente el objetivo del liderazgo, que es dar resultados.

Lo que sí nos debe quedar muy claro es que el líder debe ser más agradable, observar bien a los miembros de su equipo para conocerlos y buscar maneras de ayudarlos, ser servicial. Ahora, ¿qué comenzará a pasar por la mente de las personas? Preguntas como las siguientes: ¿aquí sí se interesan por mí?, ¿si me aplico o te sigo será que podré crecer?, ¿puedo confiar en ti?, ¿no se aprovecharán? Como líder que crea relaciones, que conecta con su equipo, llegará un momento en el que tendrás que diferenciar un "no puedo" de un "no quiero" y ubicar a ese integrante de tu equipo en el lugar correcto. Pero recuerda algo: un "no puedo" puede ser por falta de preparación, pero un "no quiero" puede ser por mala actitud, entonces tendrás que saber si el tema es por actitud o por aptitud.

Reflexión ganadora

Hasta un ladrillo
sueña con ser catedral.

Hace algunos años vi en el cine la película *Avatar*, que es una película que te recomiendo. Yo la disfruté mucho porque nos llevan con la imaginación a ese extraño mundo de Pandora donde los humanos están extrayendo un mineral raro que será la solución a la crisis energética en la tierra.

En esta película hubo algunas escenas que llamaron mucho mi atención y rápidamente las relacioné con el liderazgo. En una de ellas, Neytiri, que le está enseñando a Jake una serie de cosas, entre ellas a montar a un *direhorse* y a volar aquello que parece un dragón (*toruk makto*), le dice, "¡Haz el vínculo!, ¡tienes que vincularte!" Estos son animales salvajes, peligrosos, difíciles de controlar y dominar, pero, una vez que Jake hace el vínculo, tiene todo el control sobre ellos y puede liderarlos, influir en ellos para moverlos en la dirección que él necesita.

Tú como líder también debes saber qué significa vincularse o establecer un vínculo, como en la película. Vincularse es crear esa conexión entre líder y seguidor, pero el vínculo es ser agradable, prestar atención, es hacer sentir al otro que verdaderamente te interesa, de manera verbal y no verbal, como en la película, porque el liderazgo es más de sentir que de decir, es de comunicarse de formas diferentes.

En un equipo de trabajo, una parte muy grande del concepto que el seguidor tenga de la empresa depende del líder. El líder se vuelve el representante de la compañía, se vuelve el rostro, las manos, el corazón de la compañía. Muchos líderes novatos posicionales no saben esto y en algunos casos comenten el error de compartir información que ellos, por la posición que tienen, obtienen de primera mano y que no deberían compartirla con sus subordinados, pero, al creer que ya son amigos o íntimos, lo hacen, y lo que en realidad están haciendo es poner acido a su propio jardín. Lejos de generar en esas personas más compromiso, lo que logran es que terminen decepcionándose, quedándose con una mala imagen de la compañía, lo cual baja su rendimiento.

Entonces, recuerda esto: de ti hacia abajo sólo debes compartir, como decía uno de mis mentores, "lo bueno, lo puro, lo limpio y lo necesario", nada más. No por buscar conectar con ellos y construir confianza vas a bajar información que no deben recibir.

Reflexión ganadora

El líder es el vínculo emocional entre la gente y la organización. El líder es el rostro. El líder es el corazón. El líder es las manos de la compañía.

¿CUÁL ES EL OBJETIVO DEL LIDERAZGO?

El auténtico liderazgo no es estático, el liderazgo es acción, es movimiento, es velocidad. Un líder puede llevar a su equipo al siguiente nivel al establecer una visión clara, por eso decimos que el líder debe prestar su visión para que su equipo vea lo que aún, por la posición en la que se encuentran, no alcanza a ver; debe prestar sus oídos para que escuchen lo que aún no alcanzan a escuchar. Entonces, además de establecer una visión clara y motivadora, debe alinear los objetivos individuales con los objetivos organizacionales y proporcionar los recursos y el apoyo necesarios para que los miembros del equipo crezcan y desarrollen sus habilidades. Sin duda alguna, para lograr el objetivo del liderazgo, el líder debe ser un modelo a seguir, mostrando un liderazgo ético y promoviendo una cultura de mejora continua.

Un líder que busca lograr sus objetivos indudablemente es un líder de acción que está impulsado por lograr resultados concretos, tomando decisiones constantemente, algunas de ellas rápidas y efectivas, liderando con determinación y claridad en su mente y para con sus objetivos. Ahora, ¡presta atención a esto!, tú debes saber la razón real por la que un líder conecta con su gente: porque crea empatía, porque se relaciona y crea vínculos con su equipo, y es para moverlos, es para que su gente produzca más, que vayan por más, es para alcanzar metas, lograr resultados y hacer que las cosas sucedan.

La historia de uno de los más grandes violinistas de todos los tiempos, Niccolò Paganini, puede ayudarnos. Era un hombre tenaz que no se rendía fácilmente, tenía la virtud de sacarle a su instrumento las más exquisitas melodías. Una noche, Paganini entró al escenario y la belleza de la música que salía de las cuerdas de su violín era indescriptible, parecía que las notas tenían alas y volaban bajo el toque de sus dedos. Repentinamente se alcanzó a escuchar un ruido extraño: la pasión de Paganini había reventado una de las cuerdas del instrumento. La orquesta y el director se detuvieron, pero él siguió tocando con las tres que le quedaban. Pocos minutos después, una segunda cuerda saltó del lugar y la orquesta volvió a detenerse. Paganini, sin embargo, continúo tocando, completamente concentrado en aquella increíble melodía que salía de su violín y no pasó mucho tiempo para que ocurriera lo absurdo: quedó con una sola cuerda. La orquesta nuevamente se detuvo, pero, como si nada hubiera ocurrido, Paganini arrancó de aquella solitaria cuerda los más asombrosos sonidos, la música seguía fluyendo, el concierto alcanzó su máxima expresión. Esa noche, la magia de Paganini se convirtió en leyenda y terminó uno de los mejores conciertos de su vida con una fuerte ovación, después de perder tres de cuatro cuerdas de su instrumento.

En lo personal, me gusta mucho esta historia y la relaciono con el liderazgo, y es que la lección resulta clara: debemos hacer que las cosas sucedan con lo que tenemos. Un líder de resultados adquiere la filosofía de hacer que las cosas caminen y avancen con lo que se tenga. Muchas veces la vida nos deja con una sola cuerda: perdemos el trabajo, somos golpeados por una devastadora enfermedad, sufrimos una pérdida económica o la renuncia de alguien importante para nuestro equipo. Paganini nos ayuda a entender que aun cuando solamente nos quede una cuerda, podemos seguir sacando con ella las más conmovedoras melodías. Recuerda siempre que la victoria es el arte de continuar aunque se detenga la orquesta, y es que eso es liderazgo, *resultados*.

Un líder de acción que tiene muy claro los objetivos o la razón por la que está en ese puesto siempre va a atraer a individuos productivos porque él es productivo. Un líder de resultados se convierte en el metamodelo del equipo, y aquí quiero hacerte otra pregunta: si pudieras elegir las cualidades o características de un integrante de tu equipo, ¿cuáles eligirías?, ¿qué valores? Posiblemente me darías una larga lista, algo si como "honestos, puntuales, con un alto nivel de compromiso, responsables, leales, disciplinados, congruentes". ¿Qué más? Bueno, la noticia es que ese debes ser *tú*, así debes ser tú, eso significa ser el metamodelo, fijar la norma para que otros la vean, ya que cuando un líder produce también su gente produce y se obtienen los resultados esperados.

Ahora, un líder de resultados conoce las necesidades de la empresa y como consecuencia trae a la gente correcta, ya que para ganar un campeonato hay que tener un buen equipo. Muchos líderes novatos o posicionales le dejan esa parte a la persona encargada de recursos humanos, pero un líder de acción sabe que es *su* equipo y él es la primera persona en comprometerse a buscar el mejor equipo, o por lo menos a tener un equipo completo. Por otra parte, se dice que cuando estamos teniendo resultados los problemas se minimizan y se solucionan fácilmente, por eso me atrevo a decir que el mejor aliado de todo líder es el ímpetu, es el movimiento, es el *momentum*. Orquestar el funcionamiento de la empresa de forma en que haya ventas, buen trabajo en equipo, excelente atención al cliente, química entre los compañeros, permite que se logren mejores resultados.

Ahora, ¿a qué me refiero con que el *momentum* es el mejor aliado de todo líder? Te lo explico con un ejemplo. Si a un tren de vagones que va a ochenta kilómetros por hora le pusiéramos una pared de concreto, de cinco metros de espesor reforzada con varilla, enfrente, ese tren tendría la capacidad de romperla y seguir adelante. Sígueme en esto. Si al mismo tren, sin avanzar, le ponemos un pedacito de varilla de dos pulgadas en una de las ruedas, el maquinista puede quemar la maquina y el tren no avanzará. ¿Cuál es la diferencia? La inercia que lleva el tren. A eso le llamamos el *momentum*, al ímpetu que lleva, su ritmo, su velocidad. Lo mismo sucede en el liderazgo: una vez avanzando tiene muchos resultados, en cambio, cuando uno no se activa, cualquier problemita lo detiene. Por eso el líder de resultados crea el *momentum*, esa velocidad; es una persona que acciona, dicho de otra forma, es el catalizador del equipo.

Un líder de resultados sabe formar muy buenos equipos, lo cual no es garantía de que las cosas salgan siempre según lo esperado. Pero lo que sí es cierto, como dice un viejo adagio, es que se puede perder con un buen equipo pero nunca ganar sin ellos. Ahora, debemos entender algo: un líder de resultados será seguido por sus acciones, no es una persona estática. Los resultados son la clave y las personas se sienten atraídas a la capacidad y a la excelencia, y cuando esto es lo que ven reflejado en un líder, entonces el líder se gana la credibilidad. Te van a ver hacer lo que tú les pides que hagan, eres un ejemplo, eres efectivo; el liderazgo es visual, es más, más de alguno va a querer ser como tú porque eres un líder que hace que las cosas sucedan.

Me atrevo a decir que aquí es donde el líder comienza a madurar su liderazgo. Esta forma de actuar y de ser del líder es en donde se demuestra que se ha puesto la vacuna contra las excusas y esta es una de las más grandes razones por las cuales se convierte en un líder de resultados: porque no se compra las excusas. ¿Recuerdas que hablábamos de que lo semejante atrae lo semejante. Bueno, pues esto es lo que va a atraer a tu equipo gente de acción y resultados.

También es fundamental tener habilidades blandas como la comunicación efectiva, visión estratégica y compromiso constante con la excelencia. Un líder de resultados es un gran solucionador de problemas y tiene la habilidad de identificar los desafíos, analizar las situaciones de manera crítica y tomar decisiones efectivas para resolver esos retos de manera eficiente para el equipo y la organización. Un líder de resultados es capaz de inspirar y guiar a su equipo fomentando un ambiente colaborativo y de continuo aprendizaje. Es muy importante que sepas que para ser un líder de resultados vas a tener que asegurarte que en tu equipo exista un sistema que premie a aquellas personas extraordinarias. Se dice que una de las adicciones más bellas del ser humano es la adicción al éxito, adicción al reconocimiento; entonces, un líder de resultados, si no lo tiene su empresa, crea un sistema para atrapar o reconocer a sus héroes. Los héroes son aquellas personas que asumen responsabilidades que no son de ellos, que hacen algo que no es su responsabilidad. Te pongo un ejemplo: una persona que va pasando por las áreas y se topa con una basura e inmediatamente la recoge y la pone en su lugar, ¡ah!, pues ya fue héroe por esa acción. Ese detalle un líder de resultados debe reconocerlo, de forma en que se corra el mito y que el equipo sepa que hay ciertas acciones que se reconocen y se aplauden.

Este tipo de reconocimientos y aplausos hacen que los seguidores sean proactivos y ese es uno de los mejores resultados que como líder puedes alcanzar, que tu equipo sea proactivo; que sin que se lo tengas que pedir, lo hagan; que les nazca hacerlo y que desarrollen su sentido común, por eso hay que reconocer acciones que no son su responsabilidad.

Otra cosa que también ayuda a que un líder sea de resultados es entender que el llamado de todo líder es servir. Hay una frase que lo ilustra bastante bien: "El que sirve domina, el que sirve compromete, el que sirve tiene el poder". Y este es uno de los poderes que tiene un líder, el saber que entre más le sirva a su equipo más compromiso va a tener su equipo; que entre más servicial sea hacia algún integrante, por ley de correspondencia, ese integrante se va a sentir comprometido a responderle a su líder.

Imagina por un momento que alguien te ayuda a salir de un problema, posiblemente un tema de dinero y estas apretado porque los planes no salieron según lo esperado. Alguien, quizá un amigo o un compañero de trabajo, te presta esa cantidad y sales librado. Pregunta: ¿a poco no te sientes comprometido en algún momento a devolver ese favor? Y si ese amigo ahora te pide que le ayudes con un tema cualquiera, ¿cuál sería tu respuesta? Estoy seguro de que difícilmente le dirías que no, ¿verdad? Claro, porque el que sirve compromete, el que sirve domina y tiene el poder. Por eso una de las herramientas más poderosas que tiene un líder es el servir a los demás, por eso decimos que el liderazgo es servir, no servirse de los demás.

Muchos líderes novatos o líderes posicionales son así, se sirven de sus integrantes y por eso no logran extraer su mejor talento o su mejor energía, pero un líder servicial que trabaja a lado de su equipo, un líder de acción que predica con el ejemplo, siempre va a tener mejores resultados y en algún momento se va a convertir en el guía del equipo a causa de lo que su equipo ve que está haciendo por la organización y que no se pone en primer lugar a él y a sus intereses. Un líder de resultados también logra el objetivo de su liderazgo porque entiende que hay tres tipos de pagos y, recuérdalo bien, todas las personas vamos por el pago monetario, lo cual no entra en discusión, pero hay otros dos que muy pocas veces se dan en una empresa y son el pago moral y el pago psicológico. ¿En qué consisten?

El pago moral se refiere a un concepto ético o social en el que una persona realiza una acción no por obligación legal, sino por sentido del deber o gratitud. Es una forma de compensación que va más allá de lo establecido por el perfil de puesto o los acuerdos formales, sino que se basa en los valores personales del líder: darle esa palmadita en el hombro a ese colaborador por algo que hizo de forma magistral o decírselo abiertamente, "Oye, les encantó a los visitantes tu trato y atención, ¡muchas felicidades! Personas como tú hacen grande nuestro país".

El pago psicológico se refiere a las recompensas emocionales o sociales que experimenta una persona como resultado de sus acciones, es el reconocimiento social que no es tangible. La recompensa está relacionada con el bienestar psicológico y emocional de los seguidores, pues los hace sentirse valorados por los demás; así, es como un equipo desarrolla sentido de pertenencia. Podemos hacer este pago a través del reconocimiento público, entregando un símbolo que represente ese trabajo extraordinario que realizó y dándole un aplauso frente a otros. Estos dos pagos, tanto el moral como el psicológico, son gratis, no nos cuestan nada.

Cuando mi hija Fernanda estaba en la primaria, muy seguido yo daba pago moral a sus maestros. Recuerdo que les agradecía infinitamente por lo que ellos hacían por el aprendizaje de Fernanda, personalmente los buscaba para saludarlos y decirles que mi hija estaba aprendiendo muy rápido y lo mucho que ella hablaba bien de ellos. ¿Y qué crees que sucedía? Más se enfocaban en ella. Entonces, esta es otra herramienta para un líder de resultados.

Otra herramienta que utiliza un líder de resultados es involucrar a su equipo en la toma de decisiones; les pide ideas, hace que participen y en consenso llegan a un acuerdo de forma en que el líder les hace sentir que el compromiso fue idea y acuerdo de ellos. Se puede establecer un ambiente donde todos se sientan cómodos expresando sus opiniones y se les anime a dar soluciones. El líder puede incluso dividir al equipo en grupos más pequeños para que trabajen en diferentes aspectos del proyecto y generen ideas, luego cada grupo podría presentar sus propuestas al equipo entero y discutirlas para tomar una decisión colectiva teniendo en cuenta todas las ideas y opiniones compartidas. Esto no sólo fomenta un sentido de compromiso, sino que aprovecha la diversidad de conocimientos y experiencias del equipo.

Un líder de resultados se enfoca en alcanzar objetivos concretos y medibles para su organización. Este líder, por ser un líder de acción que trabaja hombro a hombro, rodilla a rodilla con su equipo, que lidera con el ejemplo, no sólo establece metas claras sino que inspira con su energía y entusiasmo. Un líder de acción es capaz de dirigir y coordinar eficazmente a su equipo, asegurándose que estén alineados con la visión, por eso él presta visión. También es responsable de tomar medidas correctivas si es necesario, ya que no siempre las cosas salen como se quisiera y algunas veces un integrante del equipo falla en su compromiso.

Reflexión ganadora

La velocidad del líder es la velocidad del equipo, tal como una fila de coches: tan rápido se mueve el de la punta se mueven los demás.

LIDERAZGO CATALIZADOR

E l liderazgo es un viaje y no un angustiante objetivo a alcanzar. Este viaje hacia ser un líder excelente es largo y el camino puede ser difícil, por eso me atrevo a decirte que los líderes se desarrollan y es todo un proceso. Sin embargo, las recompensas del trayecto pueden ser muy satisfactorias si has decidido ser un líder por las razones correctas. Hay una frase de Jack Welch que dice, "Antes de ser un líder, el éxito es acerca de tu crecimiento. Cuando eres líder, el éxito es que los demás crezcan." Y es que ser un líder catalizador es llevar del punto A al punto B a las personas de tu equipo.

Los líderes catalizadores aprenden a liderar todos los días. El liderazgo catalizador es un estilo que busca inspirar y motivar a los demás a alcanzar su máximo potencial. Un catalizador es esa persona que actúa como agente de cambio positivo, estimulando el crecimiento personal y profesional de los miembros de su equipo. El líder catalizador, al ser un formador de equipos, fomenta un ambiente de confianza, colaboración y empoderamiento en el que sus seguidores se sienten motivados a asumir riesgos y desafiarse. El líder catalizador no sólo se enfoca en los resultados, sino también en el desarrollo personal y profesional de su equipo. Utiliza su influencia para crear un impacto duradero en la cultura y desempeño de la organización, inspirando a otros a liderar desde cualquier nivel en el que se encuentren en la organización, ya que entiende que liderazgo es acción y no una posición.

El liderazgo catalizador implica generar un cambio positivo y significativo tanto en las personas como en la organización. Como líder, tu orgullo, tu pasión y compromiso deben venir de lo que hace tu equipo, no de lo que haces personalmente tú. Tu éxito como líder no solo va a depender de tu capacidad de inspirar e influenciar a los miembros de tu equipo, sino de formar relaciones laborales positivas con personas de todos los niveles. Algo que es importante y que debes saber es que el liderazgo es omnidireccional, no sólo influenciamos a los de abajo, sino a los laterales, superiores e inferiores, dentro y fuera de la organización. Tu influencia se ampliará si buscas maneras de agregar valor a los demás.

Como un líder principiante puede que tengas una influencia limitada sobre las decisiones tomadas por la alta dirección o niveles superiores, pero una vez que la luz se pone en verde, tienes que apoyar completamente y compartir eso con tu equipo.

Ahora no existe una única manera perfecta de ser líder, pero sí hay prácticas claramente identificables que diferencian a los líderes efectivos de los no efectivos, a esto le llamo "los diferenciadores del liderazgo". ¿Cuáles son?

- Ser auténtico

- Sacar lo mejor de las personas

- Ser receptivo/Saber escuchar

Incluso si aún no eres un líder (me refiero a una persona que se encuentre en una posición de mando), estas habilidades te ayudarán a dejar tu marca como colaborador y distinguirte como un candidato fuerte para avanzar, y más personas querrán trabajar contigo.

Ser autentico significa que tus acciones reflejan lo que crees y sientes y que no hay ninguna contradicción entre lo que haces y lo que dices. Demuestras tu autenticidad cuando:

- Haces lo correcto incluso en situaciones difíciles

- Tratas a las personas con respeto

- Alientas la confianza entre los demás

- Cumples tus promesas y compromisos

- Admites tus errores

- Das crédito a quien lo merece

- Compartes tus pensamientos, sentimientos y motivaciones cuando es apropiado

- Demuestras confianza, pero evitas ser arrogante

Asimismo, los líderes que no son auténticos pueden debilitar a los equipos que dirigen porque suelen:

- Acaparar la información

- Confrontar a los miembros del equipo entre sí o tener favoritos

- Ignorar a los miembros del equipo que no concuerdan con ellos
- Ignorar la tensión y los conflictos laborales
- Culpar a otros por sus errores
- Quedarse con el crédito que no les corresponde
- Cambiar radicalmente su comportamiento para parecer mejores líderes
- Actuar como si lo supieran todo

Entonces, debes saber que la autenticidad se alimenta de integridad, lo que a su vez nutre la confianza, y este es el catalizador fundamental en los lugares de trabajo. Recuerda, cuando las personas confían en ti no sólo es bueno para tu reputación como líder, sino también para los negocios. Los líderes catalizadores que le dan ese chispazo de energía y entusiasmo a otros proporcionan responsabilidad, un sentido de pertenencia, satisfacción por los logros, capacidad para saber qué hacer y cómo hacerlo, reconocimiento de sus ideas y de su valor.

Se requiere una mentalidad ganar-ganar para ayudar a otros a ser lo mejor que puedan ser. Los grandes líderes tienen esa visión, saben que su propio éxito depende del éxito de la gente que lideran y que una de sus principales responsabilidades es nutrir las habilidades, talentos, valores, intereses de los miembros de su equipo.

Para sacar lo mejor de la gente:

- Alienta a tu equipo a probar cosas nuevas

- Cultiva y optimiza los talentos y capacidades de los demás
- Tómate el tiempo de averiguar qué motiva a tu equipo y asigna los trabajos en relación con las habilidades que tengan
- Reconoce sus esfuerzos
- Dales información sobre las cosas que les afectan
- Confía en las fortalezas de los integrantes de tu equipo
- Permíteles que aprendan de forma segura, nada de gritos ni agresiones, para que puedan tomar riesgos apropiados en el futuro
- Intégralos hacia un objetivo en común

Reuniones uno a uno con cada miembro de tu equipo

Para obtener lo mejor de tu equipo y lograr que te den el cien por ciento de su esfuerzo, debes acercarte a ellos, debes entender sus habilidades, talentos y motivaciones. Estas conversaciones deben ser diferentes a las que haces cuando apenas estas conectando con ellos, que es lo que te pedí para que hicieras puente con ellos, ¿recuerdas?

Aquí puedes comenzar con algunas preguntas como: ¿cuál es la parte de tu trabajo que más disfrutas? ¿Qué extrañas más de tus trabajos anteriores?, ¿por qué? ¿Cuál es la parte de tu trabajo que menos disfrutas?, ¿por qué? Para ayudarte a realizar tu trabajo, ¿qué podría yo cambiar de tu ambiente de trabajo? ¿Qué tipo de reconocimiento prefieres recibir? Estas preguntas son increíblemente útiles, muestran tu compromiso con escuchar a tu equipo y los hace sentir valorados, aparte puede que aprendas una u otra cosa de ellos. Lo que sí es muy probable es que te ayude a construir una base que haga tu lugar como líder más feliz.

Como líder catalizador es fundamental entender a la gente y debes estar dispuesto a escucharlos a través de la retroalimentación.

LIDERAZGO DE ALTO DESEMPEÑO

El liderazgo de alto desempeño es un estilo que se centra en maximizar el potencial y el rendimiento de un equipo u organización. Este tipo de liderazgo va más allá de la simple gestión de tareas y procesos, se enfoca en inspirar, motivar y capacitar a los miembros de tu equipo para alcanzar y superar sus objetivos y expectativas. A continuación te detallo las características y componentes clave del liderazgo de alto desempeño.

Visión y estrategia clara

Un líder de alto desempeño establece una visión clara y convincente que guía las acciones del equipo. Esta visión se alinea con los objetivos estratégicos de la organización y ayuda a enfocar los esfuerzos del equipo en las prioridades clave.

Comunicación efectiva

La comunicación abierta, transparente y bidireccional es esencial. Los líderes de alto desempeño saben cómo transmitir su visión y expectativas, escuchar a sus colaboradores y fomentar un ambiente de diálogo y colaboración.

Empoderamiento del equipo

Estos líderes confían en sus equipos y delegan responsabilidades, permitiendo a los miembros tomar decisiones y actuar con autonomía. Esto no sólo aumenta la motivación y el compromiso, sino que fomenta el desarrollo de habilidades y la innovación.

Desarrollo de talento

Invierten en el crecimiento y desarrollo de sus colaboradores mediante la formación, el coaching y el *feedback* continuo. Reconocen y cultivan el talento dentro de su equipo, proporcionando oportunidades para el desarrollo profesional y personal.

Inspiración y motivación

Los líderes de alto desempeño inspiran a su equipo mediante su propio ejemplo y entusiasmo. Crean un entorno de trabajo positivo y motivador, donde los colaboradores se sienten valorados y apreciados.

Adaptabilidad e innovación

Fomentan una cultura de innovación y creatividad, alentando a sus equipos a experimentar y proponer nuevas ideas.

Además, son adaptables y capaces de responder rápidamente en respuesta a cambios en el entorno empresarial.

Ética e integridad

Mantienen altos estándares éticos y son un modelo a seguir en términos de integridad y comportamiento ético. Esto construye confianza y respeto dentro del equipo y la organización en general.

Orientados a resultados

Están enfocados en alcanzar resultados sostenibles y de alta calidad. Establecen metas claras y medibles, monitorean el progreso y ajustan las estrategias según sea necesario para asegurar el éxito a largo plazo.

Algunos beneficios del liderazgo de alto desempeño son:

- Mayor motivación y compromiso: los colaboradores se sienten más comprometidos y motivados cuando trabajan bajo un liderazgo que valora su contribución y les permite crecer.

- Aumento de la productividad: un equipo motivado y bien dirigido tiende a ser más productivo y eficiente.

- Innovación y mejora continua: la cultura de innovación y adaptabilidad fomenta la mejora continua y la capacidad de la organización para mantenerse competitiva.

- Retención de talento: los colaboradores son más propensos a permanecer en una organización

donde se sienten valorados y tienen oportunidades de desarrollo.

En resumen, el liderazgo de alto desempeño es una combinación de visión estratégica, habilidades interpersonales
y capacidad operativa, que permite a los líderes no solo
alcanzar sus objetivos, sino también construir equipos
fuertes, motivados y resilientes.

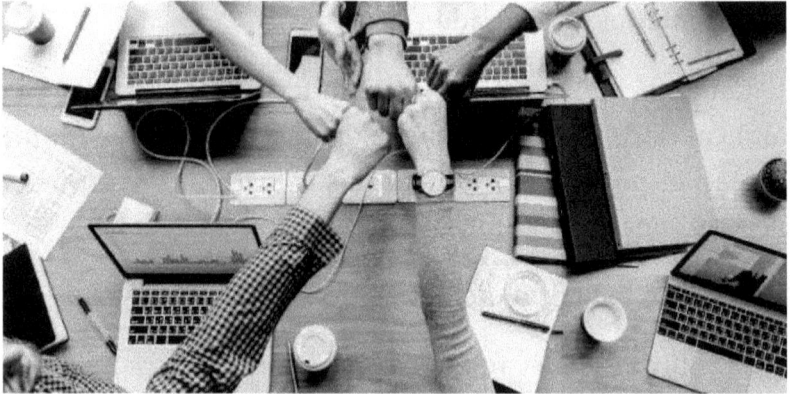

LIDERAZGO EN EL NUEVO ÁMBITO LABORAL

Creo que, hoy más que nunca, los líderes deben de llevarse bien con todos, no necesariamente como si fueran los más grandes amigos, pero ciertamente que la raza, la religión, o inclusive la nacionalidad, no interfieran en la relación. Históricamente, la ignorancia ha sido el fundamento de la intolerancia. Afortunadamente este hecho tiene solución, la mejor manera de respetar es educarse al respecto, ya sea de religión, de nacionalidad o razas.

El liderazgo en el nuevo ámbito laboral ha evolucionado para adaptarse a las tendencias importantes que han ocurrido en el mundo del trabajo, impulsadas por la tecnología, la globalización, y los cambios en las expectativas de los colaboradores.

Algunas de las características y puntos clave del liderazgo en el contexto laboral contemporáneo son:

Liderazgo digital

La tecnología digital ha transformado la forma en que trabajamos y los líderes modernos debemos ser competentes en el uso de herramientas digitales. Esto incluye la gestión de equipos virtuales, la utilización de plataformas de colaboración en línea y el aprovechamiento del análisis de datos para tomar decisiones informadas.

Flexibilidad y adaptabilidad

El entorno laboral actual requiere una gran adaptabilidad. Los líderes deben ser flexibles en sus enfoques y estar preparados para responder rápidamente a cambios en el mercado, la tecnología, y las necesidades de nuestros colaboradores. Esto incluye la capacidad de gestionar el trabajo remoto y los horarios flexibles.

Enfoque en el bienestar del colaborador

El bienestar de los colaboradores se ha convertido en una prioridad. Los líderes debemos promover un ambiente de trabajo saludable, apoyando el equilibrio entre la vida laboral y personal, la salud mental, y el bienestar general de nuestro equipo.

Diversidad e inclusión

La diversidad y la inclusión son fundamentales en el nuevo ámbito laboral. Los líderes debemos fomentar un entorno inclusivo que valore y respete las diferencias, promoviendo la equidad y ofreciendo oportunidades equitativas para todos los colaboradores.

Liderazgo empático y emocional

La empatía es una competencia clave en el liderazgo moderno. Los líderes debemos ser capaces de entender y responder a las emociones y necesidades de los colaboradores, construyendo relaciones de confianza y fomentando un ambiente de apoyo y colaboración.

Innovación y creatividad

La capacidad de innovar es crucial para mantenernos competitivos. Los líderes debemos fomentar una cultura de creatividad y experimentación, alentando a nuestros equipos a proponer nuevas ideas y soluciones.

Desarrollo continuo

El aprendizaje y el desarrollo continuo son esenciales. Los líderes debemos apoyar el desarrollo profesional de nuestro equipo, proporcionando oportunidades para la formación y el crecimiento, y estar abiertos a su propio aprendizaje y desarrollo.

Comunicación abierta y transparente

La comunicación es más importante que nunca. Los líderes debemos mantener una comunicación abierta y transparente con nuestros equipos, compartiendo información relevante y fomentando un diálogo abierto.

Responsabilidad social y sostenibilidad

La responsabilidad social y la sostenibilidad se han convertido en prioridades. Los líderes debemos incorporar prácticas sostenibles en las operaciones y demostrar un compromiso con la responsabilidad social corporativa.

Colaboración y trabajo en equipo

El trabajo colaborativo es fundamental en el nuevo ámbito laboral. Los líderes debemos fomentar una cultura de colaboración en la que se valoren las contribuciones de todos y se trabaje de manera conjunta para alcanzar los objetivos comunes.

Desafíos y oportunidades

- Desafíos: la gestión de equipos dispersos geográficamente, la adaptación rápida a la tecnología y el manejo de la diversidad y la inclusión pueden ser retos significativos.

- Oportunidades: los líderes que adoptan estas nuevas competencias pueden crear equipos más resilientes, innovadores y comprometidos, posicionando a sus organizaciones para el éxito a largo plazo.

En resumen, el liderazgo en el nuevo ámbito laboral se caracteriza por su adaptabilidad, empatía y enfoque en la tecnología y el bienestar de los colaboradores. Los líderes que pueden navegar estos cambios con habilidad y visión estarán mejor posicionados para guiar a sus organizaciones hacia el futuro.

Más allá de las diferencias, todos somos seres humanos y respiramos el mismo aire; en última instancia nuestras semejanzas son mucho más pronunciadas que nuestras diferencias. Busca aquellas cosas que todos tenemos en común: todos tenemos presiones domésticas, todos queremos triunfar y todos queremos que nos traten con dignidad, respeto y compresión.

Tener empatía es ver el mundo a través de los ojos del otro, es algo que todo líder debe cultivar y practicar a diario. Las personas siempre han querido que las traten como individuos valiosos, pero actualmente reconocen su individualidad de muchas nuevas maneras. Ya no se trata solamente de decir "buenos días" o "gracias", aunque en muchos lugares las personas quieren que las reuniones rutinarias de negocios o de trabajo sean sólo eso, nada de charlas triviales ni de hacer o responder preguntas personales, y no es hostilidad, pero sí da una sensación de distancia social. Entonces, muchos líderes, en vez de hacer que la gente se sienta diferente, están aprendiendo a hacerla sentir importante, y este es un proceso que consiste en mil detalles, y que a veces puede durar mucho.

Liderazgo transformador

El liderazgo transformador se ha convertido en un concepto crucial en el mundo empresarial y organizacional contemporáneo. No es simplemente una moda pasajera, sino una filosofía y práctica que ha demostrado su eficacia en la creación de entornos de trabajo más productivos, innovadores y humanos. Hablemos de qué es el liderazgo transformador, sus características, cómo se diferencia de otros estilos de liderazgo, y por qué es esencial para las empresas hoy día.

El liderazgo transformador prácticamente se enfoca en el desarrollo y la motivación de los integrantes del equipo para alcanzar su máximo potencial y contribuir de manera significativa a los objetivos de la organización. Este tipo de liderazgo fue conceptualizado por James Mac Gregor Burns en 1978 y más tarde ampliado por Bernard M. Bass. Se caracteriza por la capacidad que llega a desarrollar el líder para inspirar y transformar a sus seguidores, fomentando un sentido de misión y propósito compartido.

Algunas de las características del liderazgo transformador son:

- Influencia idealizada: actúan como modelos a seguir, ganándose el respeto y la confianza de sus seguidores a través de su comportamiento ético y su dedicación a los valores de la organización.

- Inspiración: los líderes transformadores son capaces de articular una visión clara y convincente del futuro, inspiran a sus seguidores a comprometerse con esta visión y a trabajar arduamente para alcanzarla.

- Motivación intelectual: fomentan un ambiente de creatividad e innovación. Estimulan a sus seguidores a cuestionar supuestos y a pensar de manera crítica.

- Consideración individualizada: reconocen las necesidades individuales de cada miembro del equipo y ofrecen apoyo personalizado para ayudarles a crecer y desarrollarse.

Diferencias con otros estilos de liderazgo

El liderazgo transformador se distingue de otros estilos de liderazgo, como el autoritario, paternalista o catalizador. El liderazgo transformador busca inspirar un compromiso más profundo y una mejora continua. A diferencia del liderazgo autoritario, que impone decisiones desde arriba, el liderazgo transformador promueve la participación y el empoderamiento.

En un mundo caracterizado por rápidos cambios tecnológicos, la globalización y una creciente complejidad, el liderazgo transformador se ha vuelto más relevante que nunca. Las organizaciones necesitan líderes con ciertas habilidades, como las de un coach, que puedan navegar estos cambios, inspirar a sus equipos y fomentar la innovación (en muchas ocasiones les llaman gerentes-coach).

El liderazgo transformador fomenta la adaptabilidad y la resiliencia. En lugar de resistir el cambio, los líderes transformadores lo ven como una oportunidad para crecer y mejorar. Promueven una cultura de aprendizaje continuo donde los errores se consideran oportunidades para aprender y mejorar.

Los líderes transformadores entienden que la innovación es crucial para el éxito a largo plazo. Fomentan un entorno donde las ideas nuevas son bienvenidas y la creatividad es recompensada. El líder transformador nutre a sus seguidores y permiten que las organizaciones mejoren significativamente y se mantengan a la vanguardia de sus industrias. Los colaboradores que trabajan bajo un liderazgo transformador siempre van a estar más comprometidos y satisfechos con su trabajo, pues sienten que sus contribuciones son valoradas y que tienen la oportunidad de desarrollarse profesionalmente. Esto no sólo mejora el rendimiento individual, sino que también reduce la rotación de personal y aumenta la cohesión del equipo.

Ejemplos de líderes transformadores

Nelson Mandela

Nelson Mandela es uno de los ejemplos más emblemáticos de liderazgo transformador. Su capacidad para inspirar a una nación y liderar la transición de Sudáfrica hacia una democracia multirracial es un testimonio de su influencia idealizada y su consideración individualizada.

Mandela no sólo articuló una visión poderosa de igualdad y justicia, sino que demostró un profundo respeto y empatía hacia todos los sudafricanos. Fue el líder de la lucha contra el apartheid. Te recomiendo que leas y conozcas bien su biografía.

Steve Jobs

Steve Jobs, cofundador de Apple Inc., es otro ejemplo destacado. Su visión para Apple y su capacidad para inspirar a su equipo a crear productos innovadores han dejado una marca indeleble en la industria tecnológica.

Jobs no sólo tenía una visión clara para la empresa, sino que también fomentaba un ambiente de creatividad y excelencia.

Mahatma Gandhi

Mahatma Gandhi demostró un liderazgo transformador a través de su lucha no violenta por la independencia de la India. Su influencia idealizada, su capacidad para motivar a millones de personas y su compromiso con los principios éticos son ejemplos claros de liderazgo transformador en acción de hecho Gandhi inspiró a líderes como Martín Luther King en Estados Unidos y a Nelson Mandela en Uganda.

Desarrollando Habilidades de Liderazgo Transformador

Alcanzar este nivel y desarrollar las habilidades que se requieren para ser un líder transformador requiere vivir un proceso, en otras palabras, requiere tiempo, esfuerzo y un compromiso con el crecimiento personal y profesional. A continuación te presento algunas estrategias para cultivar estas habilidades.

Autoconciencia

La autoconciencia es fundamental para el liderazgo transformador. Los líderes deben ser conscientes de sus propias fortalezas y debilidades, pero una de las habilidades que sin duda es requisito para ser un líder transformador es la inteligencia emocional o, dicho de otra forma, el control de sus emociones.

Comunicación efectiva

Los líderes transformadores deben ser comunicadores efectivos, esto incluye la capacidad de articular una visión clara y convincente, así como la habilidad para escuchar activamente a sus seguidores. La comunicación abierta y honesta es esencial para construir confianza y motivar a los equipos.

Empatía

La empatía es crucial para la consideración individualizada. Los líderes deben ser capaces no de ponerse en el lugar de sus seguidores pero sí al menos de entender sus necesidades y preocupaciones. La empatía fomenta relaciones más fuertes y un ambiente de trabajo más positivo.

Para ser un líder transformador es esencial fomentar la innovación. Esto implica crear un entorno donde los seguidores o colaboradores, según sea el caso, se sientan seguros para compartir ideas y experimentar cambios. Los líderes deben estar abiertos a nuevas ideas y dispuestos a asumir riesgos calculados.

Compromiso con el aprendizaje continuo

El liderazgo transformador requiere un compromiso con el aprendizaje continuo. Los líderes deben estar dispuestos a seguir desarrollándose y adaptándose a medida que las circunstancias cambian. Esto incluye no sólo el aprendizaje formal, también la autoeducación y la adaptación a nuevas tendencias y tecnologías.

Implementar el liderazgo transformador en una organización puede ser un proceso desafiante, pero los beneficios a largo plazo hacen que valga la pena.

Algunos pasos clave altamente recomendados para implementar esta forma de liderazgo son:

1. Crear una visión compartida que inspire y motive a los miembros del equipo. Esta visión debe ser clara, convincente y debe estar alineada con los valores y objetivos de la organización.

2. Crear y fomentar una cultura de innovación es crucial para el liderazgo transformador. Esto implica crear un entorno donde se valoran y recompensan las ideas nuevas y la creatividad. Los líderes deben estar dispuestos a apoyar y financiar proyectos innovadores, o por lo menos estar abiertos a ideas de cómo llevarlos a cabo aun sin presupuesto.

3. Promover el desarrollo profesional es una parte clave del liderazgo transformador. Las organizaciones deben ofrecer oportunidades para que los colaboradores desarrollen sus habilidades y avancen en sus carreras. Esto puede incluir programas de formación, tutoría y oportunidades de ascenso.

4. Establecer mecanismos de retroalimentación es esencial para el liderazgo transformador. Esto incluye tanto la retroalimentación de los líderes a los colaboradores como la

retroalimentación de los colaboradores a los líderes. La retroalimentación regular y constructiva puede ayudar a mejorar el desempeño y fomentar un ambiente de mejora continua.

5. Modelar con el ejemplo es un deber de los líderes transformadores, lo cual hacen demostrando comportamientos éticos y compromiso con los valores de la organización. Esto no sólo construye confianza y respeto, también establece un estándar para todos los miembros de la organización.

6. Aunque el liderazgo transformador tiene muchos beneficios, también presenta desafíos como cada nivel o estilo de liderazgo. Reconocer y abordar estos desafíos es crucial para el éxito.

7. Resistencia al cambio, que es uno de los mayores desafíos del liderazgo transformador. Las personas a menudo se sienten cómodas con el statu quo y pueden resistirse a nuevas ideas y métodos, pero los líderes transformadores deben ser capaces de manejar esta resistencia y encontrar maneras de motivar a sus seguidores a adoptar el cambio. También deben inspirar a sus seguidores con una visión ambiciosa sin dejar de ser realistas sobre lo que es posible y cómo lograrlo.

8. Mantener la motivación a largo plazo puede ser un desafío. Los líderes transformadores deben encontrar maneras de mantener a sus seguidores

comprometidos y motivados, incluso cuando enfrentan obstáculos y reveses.

He visto, sabido y escuchado en muchas ocasiones que lo que buscan hoy en día muchos head-hunters, o cazatalentos, para grandes corporaciones son estos líderes que tienen la capacidad de transformar a la gente. A un líder de este calibre las personas lo siguen, desean hacer lo que tengan que hacer por él, pues este los ha ayudado a crecer en su carrera. Pero hay un punto muy importante a remarcar y te lo quiero explicar de una forma simple: se requiere de un amplio desarrollo personal y de habilidades blandas, de hecho me atrevo a decirte que la falta de estos es una de las razones por las cuales muchas personas no llegan a este nivel de liderazgo, para tener la capacidad de transformar, literalmente hablando, la forma de ser, de actuar y de conducirse de una persona. Entonces, para que tú llegues a ser un líder transformador, ¿qué necesitas?

Primero y por sobre todas las cosas, desearlo; desear seguir creciendo en tu liderazgo, mantenerte como un constante aprendiz, recuerda que eso es lo que caracteriza a los grandes líderes, que siempre son buenos aprendices. Como líder transformador debes estar consciente de que la misión de todo líder es desarrollar las capacidades y actitudes de sus colaboradores. Cuando una persona logra alcanzar este nivel de crecimiento personal, todo se multiplica. Aquí es donde se gana mucho dinero, o, como digo en los talleres, aquí se gana en euros, porque el líder se convierte en un mentor y hace tres cosas perfectamente: reclutar, encontrar talentos y entrenarlos bien.

Un líder transformador es un formador de líderes e invierte tiempo y dinero en equipar a otros, pero aquí te voy a compartir uno de los más grandes secretos: un líder nunca descuida la conexión. En otras palabras, se asegura de estar conectando y construyendo relaciones constantemente con su equipo. Es algo que debe de hacer, de lo contario sería un novato, un líder posicional, como ya lo vimos al inicio. Un líder transformador siempre busca la manera de hacer crecer la organización y esta es otra razón por la cual son tan cotizados, poque tienen mentalidad empresarial. Aunque estén en una posición de colaborador, ya no piensa en términos de empleado, sino como el empresario, es por eso por lo que tienen tanta influencia; los propietarios de la empresa lo tienen bien pagado porque hace crecer a la empresa y disminuye gastos.

Un líder transformador sabe que un equipo con exceso de reglas o con falta de estas pueden ser un desafío, por eso es equilibrado. También pone a prueba su liderazgo y lo hace delegando, para medir el estado de su sistema; evalúa su propio liderazgo basado y sabiendo que el buen liderazgo es cuando todo marcha bien aunque él no esté presente. Entonces, quiero que prestes mucha atención a estas características que lo hacen tan único, que lo hacen ser un auténtico líder y ser esa persona que en todas las empresas quieren.

- Es congruente
- Piensa antes de actuar
- Se gana el respeto de su gente a través de su educación

- Trabaja en equipo y forma equipos
- Es prudente y sabe administrar los conflictos
- Conoce bien a su gente para dirigirla
- Aprovecha las fallas de su gente para capacitarla
- Respalda su experiencia con la acción
- No tolera la incompetencia
- Sabe delegar oportunamente y supervisar efectivamente toda la empresa
- Decide en tiempo y forma
- Entrega resultados notables (reportes)
- Es rápido cuando lo amerita la situación
- Cuida su imagen y la de su gente
- Se encarga de su propio aprendizaje
- Tiene visión a largo plazo
- Se reinventa constantemente
- Sabe que el corazón es primero
- Practica y predica con el ejemplo
- Aplica la técnica del +-+ (más, menos, más; edifica, corrige, edifica)
- Confía, pero verifica
- Equipa y prepara a su siguiente líder
- Es un extraordinario motivador e impulsor
- Es un super vendedor
- Sabe dirigir dentro y fuera de la cancha
- Conoce los sueños de los integrantes de su equipo

- Se gana la confianza con ejemplo, aptitud y carácter

- Es proactivo

- Posee inteligencia emocional

Como puedes ver, el liderazgo transformador es un estilo de liderazgo que se centra en inspirar y motivar a los seguidores para que alcancen su máximo potencial y contribuyan al éxito de la organización. Te puedo decir, sin temor a equivocarme, que esta debe de ser tu meta: alcanzar este nivel de liderazgo y desarrollar estas cualidades.

El líder transformador comunica y presta la visión constantemente, pues tiene esa visión clara y convincente del futuro y es capaz de comunicarla de manera inspiradora. También utiliza la comunicación emocional y el entusiasmo con sus seguidores, generando un fuerte sentido de propósito y pertenencia; le presta atención a las necesidades individuales de los miembros de su equipo, actuando como mentor y entrenador, y proporcionando apoyo personalizado; fomentan la creatividad y la innovación, desafiando a sus seguidores a pensar de manera crítica para resolver problemas.

Los líderes transformadores actúan con integridad y ética, sirviendo como modelos a seguir, estableciendo altos estándares de comportamiento, pues un liderazgo transformador siempre va a tener un impacto en la moral y el rendimiento del equipo, aumentando la satisfacción laboral, la lealtad y el compromiso. También pueden conducir a un mayor desempeño organizacional al alinear los objetivos individuales con los objetivos de la empresa.

En conclusión, el liderazgo transformador se centra en la capacidad de inspirar y transformar a sus seguidores promoviendo un entorno en el que todos se sientan valorados y motivados para alcanzar sus metas colectivas e individuales, este estilo y nivel de liderazgo es particularmente efectivo en tiempos de cambio y puede mejorar, y hasta cambiar, la cultura y el rendimiento de una organización.

LIDERAZGO DE EXCELENCIA

S e dice y hay quienes afirman que el liderazgo es como la belleza, difícil de definir pero fácil de apreciar, ya que es fácil identificar cuando una empresa está bien dirigida a través de sus resultados y de la actitud de su gente. Por medio de esto podemos apreciar la calidad de quien la dirige, ya que, como hemos mencionado antes, un equipo es sólo un reflejo o una extensión de la personalidad del líder.

El líder de excelencia, a diferencia de otro tipo de líderes y de seres ordinarios, ha aprovechado mejor cada una de sus experiencias, ha hecho de su vida un entorno pedagógico y está convencido de que el líder se hace a sí mismo más que por medios externos. Encargarse del propio aprendizaje es hacerse responsable de la propia vida, lo cual es un requisito indispensable para llegar a ser una persona bien integrada.

¿Quién enseña al oso o al león a vivir? Ellos saben por instinto qué es lo que necesitan y a través de la naturaleza lo hacen. Así, el líder de excelencia debe ir aprendiendo a través de sus propias experiencias lo que necesita para ser un excelente líder: aprender lo importante y aprender de uno mismo en relación a los demás.

Hay una frase que uso muy seguido y es: "La gente inteligente aprende de sus experiencias, pero los que son verdaderamente inteligentes aprenden de la suya y de la de otros". Hazte las siguientes preguntas:

- ¿Qué experiencias han sido vitales para mi desarrollo como líder?
- ¿Cuáles han sido los momentos críticos de mi vida?
- ¿Qué he aprendido de cada uno de ellos?
- ¿He fracasado en alguno de ellos o en algunas ocasiones?
- ¿Qué aprendí de estos fracasos?
- ¿Existen personas que admiro?
- ¿Qué aprendo de ellas?

Tener talento de líder no nos garantiza que lograremos ser excelentes líderes o que triunfemos en este campo, de la misma forma en que el talento musical de un joven no le garantiza llegar a ser un excelente musico. En ambos casos hay que hacer que ese talento se desarrolle y se consolide a través del esfuerzo consciente, la preparación y la perseverancia. En otras palabras, hay que pagar la colegiatura de la excelencia, lo que significa que, aun cuando muchos tienen la capacidad para lograrlo, muy pocos están dispuestos a pagar el costo.

Recuerdo perfectamente que en una ocasión estaba en medio de una asesoría en un restaurante. Yo hablaba de lo que implica ser un líder de excelencia, que va muy de la mano con ser un líder transformador, y la propietaria me dijo: "Imberg, esto de ser líder es muy difícil". En el caso de ella, aun sabiendo lo importante que era desarrollar su liderazgo para su emprendimiento y para el manejo de su personal, simplemente no había querido pagar el costo de crecer en esta hermosa habilidad y empoderarse para levantar más su empresa y hacerla llegar más lejos; para esto es necesario aprender y capitalizar experiencias propias y desaprender algunas cosas que uno sabe pero que son erróneas.

Recuerda algo siempre: todo se levanta o se cae a partir del liderazgo; los líderes pueden llevarnos al éxito o al fracaso, a la prosperidad o a la ruina, a las prisiones o a la libertad, la historia nos lo ha demostrado. La historia es la historia de los líderes de todos los tiempos. Los líderes de excelencia no están exentos del peligro; los líderes de excelencia se arriesgan porque sus ideales son valiosos. Podríamos hacer una lista de líderes que por seguir sus sueños e ideales han perdido la vida. Lo podemos ver en Jesucristo, Gandhi, Martin Luther King, entre otros.

Pero, ¿por qué necesitamos líderes? La realidad es que no se puede convivir sin líderes en este planeta donde somos millones y millones de habitantes, así como no se puede vivir sin reglas de conducta o reglas de tránsito, así como no se puede jugar futbol sin balón: no podemos funcionar sin líderes en nuestra naturaleza. Si un grupo de personas se dedica a la misma actividad, estando todos en el mismo nivel, ocupando posiciones equivalentes, es cuestión de tiempo para que los números se alineen y se levante de entre ellos un líder para los seguidores.

Existen tres razones básicas que justifican la presencia de líderes en las organizaciones:

1. Son responsables de la productividad.
2. Representan la guía a seguir.
3. Mantienen la integridad corporativa. En otras palabras, le dan un significado al trabajo, llenan un vacío existencial, pues es super importante que el liderazgo sea una actividad netamente humana, manteniendo los objetivos de un orden superior y/o los valores corporativos.

El líder de excelencia debe poseer una gran visión a largo plazo, visualizando retos y metas a corto plazo. Desafortunadamente, hoy en día muchos de nuestros empresarios creen que las utilidades lo son todo, o que son el único objetivo, y por esta falta de visión estrangulan su propia organización a mediano plazo. Un líder sin visión del rumbo hacia donde quiere llevar su empresa no es un líder sino un intento de líder, uno posicional. Los líderes de excelencia saben que el poder radica en los demás, que en sus seguidores "subordinados" está la fuerza para llevar la empresa al destino que ellos han elegido. El líder excelente es técnicamente capaz, tiene el don de la gente, ese don maravilloso de agradar y cautivar, lo cual entusiasma a sus seguidores.

¿Cuáles son las cualidades de un líder de excelencia?

Visión.- Tienen una claridad absoluta de lo que quieren lograr, viven su misión y saben lo que se espera de ellos. Viven comprometidos con lo que hacen y la razón por la que lo hacen. Son soñadores por naturaleza.

Pasión.- Poseen la fortaleza para perseverar a pesar de todos los obstáculos y los fracasos que se oponen al logro que se han propuesto. Tolstoi decía, "Las esperanzas son los sueños del hombre despierto"; el líder de excelencia vive apasionadamente el proceso de sus sueños

Integridad.- Son profundamente sinceros, su grado de madurez los hace tener un profundo conocimiento de sí mismos. Son el tipo de personas que se exceden en lo que hacen, que siempre dan más de lo que se espera de ellos, por eso son líderes de excelencia. Recuerda que la palabra excelente se desprende del vocablo exceso o excederse, pues así el líder de excelencia no se miente, se enfrenta a sus limitaciones, se inventa a si mismo proyectándose en lo que le gustaría llegar a ser. El líder de excelencia nunca sacrifica sus principios personales ni convicciones por complacer a los demás, no sacrifica su consciencia por intereses que no considera legítimos: está convencido de que ser autentico es ser su propio autor.

Confianza.- La integridad, como en otros estilos de liderazgo de los que hemos platicado, da como resultado la confianza, que representa el cemento emocional entre el líder y seguidor. Para confiar en alguien primero hay que creer en él, así como una relación se establece entre médico y paciente, ¿o tú pondrías tu salud en manos de alguien en quien desconfías? Pues así también la relación entre líder y seguidor se da en un ambiente de confianza total y es el único camino para llegar a tener lealtad, por lo tanto la confianza no se puede ordenar, el líder se la debe ganar con integridad y congruencia.

Curiosidad y audacia.- Los líderes de excelencia se interesan por todo, aprenden de todos y están dispuesta a arriesgar porque están convencido de que de no intentarlo nunca sabrán el resultado. Aprenden de sus fracasos y de sus experiencias pasadas para no volver a cometer los mismos errores, esto les permite convertir sus derrotas en victorias.

Se reinventan constantemente.- A través de su carácter y visión se están reinventando a sí mismos, visualizando constantemente en quién les gustaría convertirse. Están conscientes de que su crecimiento no consiste en centrarse en sus defectos o en aquello que no dominan, sino en el desarrollo de sus potencialidades. Dejan atrás el pasado y se concentra en el presente y futuro.

Son grandes comunicadores.- Los líderes de excelencia cautivan al mundo, los malos lo engañan o tratan de engañarlo. Comunican la fuerza de sus ideales y su oratoria apasionada convence a sus seguidores. Están conscientes de una gran verdad: una cosa es tener talento y otra es su expresión apasionada. Son vendedores de ideas, de sueños con significados que llenan las expectativas de sus seguidores.

Renuncian a ser administradores.- Un líder de excelencia no busca solamente administrar eficientemente los recursos materiales, financieros y humanos, sino que manejan el capital emocional, como lo es la lealtad, el amor a la marca o, dicho de otra forma, el amor a la camiseta, el optimismo, el compromiso etc. Dejan muy claro la diferencia entre administrar y dirigir.

El administrador:

- Es conservador
- Es una copia del líder
- Es posicional
- Es controlador
- Mantiene lo establecido
- Se concentra en sistemas y estructuras
- Tiene visión a corto plazo
- Pregunta cómo y cuando
- Tiene como objetivo las utilidades
- Acepta el estatus
- Es un buen soldado
- Es obediente
- Hace bien las cosas

- Se compromete de acuerdo a sus posibilidades
- Es equilibrado

El líder de excelencia:

- Es innovador
- Es original
- Desarrolla nuevos caminos
- Se concentra en las personas
- Conecta con su gente
- Inspira confianza
- Tiene visión a largo plazo
- Pregunta qué y por qué
- Su visión es conceptual
- Desafía lo establecido
- Es un desobediente de orden superior
- Hace lo que debe hacer
- Intenta lo imposible
- Es un gran soñador
- Es seguido por la gente

Es desobediente.- Los líderes de excelencia hacen una clara diferencia entre entrenamiento y educación. Así, el entrenamiento va directamente dirigido a la voluntad, por ejemplo la disciplina militar.

En su primera etapa, los niños son entrenados para ir al baño, comer correctamente, etc.; también los animales, un perro o un caballo, son entrenados; en fin, estos son procesos que responden a una serie de estímulos. Cuando el niño entra a la adolescencia debe ser enseñado a pensar, a decidirse, a usar su potencial, y entonces es cuando debe ser educado.

En síntesis, la educación y el entrenamiento tienen marcadas diferencias. El líder sabe combinar sus hábitos adquiridos por el entrenamiento y por su educación presente. Inclusive pone en tela de juicio lo aprendido y siempre está dispuesto al cambio de un bien por un bien mayor, razón por la cual cuestiona el orden establecido, las políticas existentes, en busca de cambios, bajo la dinámica de cambiar un bien por un bien mayor, pues sabe que cuando hay progreso existe un cambio positivo.

Se supera constantemente. - Una persona empieza a ser líder desde el momento en que resuelve por sí mismo llegar a ser lo que desea ser, tiene como misión descubrir quién es y la lucha más importante de su vida es empeñarse a lograrlo. Sabe que la autoeducación y el autoconocimiento son procesos de toda la vida. A veces sencillamente no les gusta lo que están haciendo y buscan un cambio, entienden cabalmente el proceso básico.

a. Ellos mismos son su propio maestro

b. Aceptan responsabilidad, son dueños de su vida

c. Aprenden cualquier cosa que deseen aprender

d. Su comprensión proviene de la reflexión y

la empatía

En conclusión, los líderes de excelencia saben que el mundo pertenece a los que siguen aprendiendo, pues los que renuncian a hacerlo viven en el pasado, el cual, además, nunca volverá. No hay líder que más daño le haga a una organización que aquel que cree que ya llegó a donde tenía que llegar. Los líderes de excelencia aprender de otros, pero no son moldeados por los demás, ellos se dirigen a sí mismos, integran su yo en la consciencia y todo lo aprendido es matizado por su propia personalidad.

El líder y la relación humana

Todos los seres humanos somos el resultado de un destino que no elegimos, de cartas que no escogimos, pero ¿qué significa destino? Acontecimiento circunstancial fuera de nuestro control, y ni tú ni yo pudimos elegir el cuerpo que nos tocó, la familia en que nacimos, el momento histórico del mundo o el país en donde nos hubiera gustado nacer, así como tampoco podemos cambiar ya las circunstancias de nuestra niñez, solamente podemos entenderla y comprender la influencia que tiene sobre nosotros para estar en posibilidad de cambiar.

"El ser humano no puede elegir su destino, pero sí su existir"[1], podemos elegir cómo deseamos vivir y cómo deseamos llegar a ser, aquello que determina nuestro futuro es nuestra propia determinación. Según Platón, Sócrates señalaba que "Una vida sin examen no merece la pena ser vivida".

---

[1] Jean Paul Sartre, *El existencialismo*.

Los líderes, a excepción de todo aquel que aún permanece como líder posicional, entienden su vida cabalmente y están decididos a ser amos y no siervos de su pasado. El verdadero papel del líder es descubrir cómo se logra que los demás trabajen para los objetivos señalados; el líder debe saber entusiasmar, seducir, conquistar y muchas veces enamorar a sus seguidores. Los grandes líderes de la historia han sido expertos seductores, pues algunas veces los seguidores tienen mucho que arriesgar al buscar los objetivos del líder. Piensa por un momento en los seguidores de Cristo, de Gandhi, aquí en nuestro México de don Miguel Hidalgo, piensa en cómo se vieron enfrentados a la misma muerte por realizar los sueños del líder. Como el caso de la chica que deja a sus padres para hacer una nueva vida con su pareja, así el seguidor se ve seducido por su líder y renuncia a muchas cosas para seguirle, tales como seguridad, estatus social y llega hasta extremos que implican la propia sobrevivencia.

La pregunta obligada es: para que los seguidores estén dispuestos a dar todo, ¿cómo debe ser el líder?

Debe:

- Ser un vendedor de sueños e ideas
- Tener un trato que seduce, conquista, enamora, jala, atrae, consterna, sublimiza, subyuga, apasiona, genera lealtad, fidelidad
- Tener una sensibilidad empática
- Tener extraordinario tacto, comprensión y diplomacia

- Hacer sentir indispensable a cada seguidor
- Comprometer a sus seguidores
- Estar cerca de su gente
- Tener un estilo propio y original
- Tener gran fe y capacidad de no darse por vencido
- Encarnar su idealismo

Martin Luther King electrizaba a su auditorio porque él era el ideal mismo, al igual que Gandhi, Winston Churchill, Kennedy. Algunos líderes muestran su maestría en el liderazgo con el solo modo de pararse, de mirar a los ojos y de hablar al corazón de los seguidores. Esos a los que llamamos "maestros del liderazgo" son personas que rebosan de entusiasmo, sin vergüenza alguna por lo que hacen.

La palabra "generoso" se deriva de la misma raíz de "genial", "genio". El generoso tiene la capacidad de darlo todo sin reserva, los líderes geniales se pueden definir en los términos de su entrega ilimitada a la causa a la que sirven.

Si tuviste una buena idea ayer, esa idea será buena también mañana; si el día de hoy no pudiste convencer a alguien de que aceptara tu idea, nadie te puede decir que mañana no lo lograrás. Además, el proceso de encontrar la fórmula para vender tus sueños debe ser divertido, ya que si no disfrutas el camino difícilmente vas a apreciar la meta final, y para lograr cualquier meta en la vida, ya sea organizar o levantar una empresa o realizar un movimiento social, lo primero es visualizar el objetivo. Lo primero que hace un montañista es fijar su vista en la cima y después trazar la ruta a seguir, evaluando las estrategias para lograrlo. Esto es algo que le aprendí a mi gran amigo Oscar Rodríguez, quien ha escalado las montañas más altas del mundo a lado de su inseparable bicicleta y hasta este día posee dos récords Guinness por tal hazaña. Uno de los retos más grandes que enfrenta es llegar a la cima sano y salvo en el menor tiempo posible.

La diferencia entre un ser humano mediocre y un ser de excelencia es que el mediocre toma todo como una bendición o maldición. En cambio, el ser extraordinario toma todo como un desafío. La tenacidad es la fuerza interior de perseverar hasta vencer.

Los administradores tienen que recurrir al poder de la recompensa para imponer sus ideas, en cambio el líder inspira a los demás a que quieran hacer las cosas sin importar el nivel jerárquico en el que se encuentran. El líder trata a los demás como quisiera ser tratado; el líder mantiene una gran confianza en sí mismo, en sus habilidades, en sus seguidores y en sus posibilidades, pero también tiene dudas suficientes que lo impulsan a investigar y a cuestionar y, por tanto, progresar.

El líder ante la crisis

Un líder es, en su naturaleza misma, un innovador, aplica soluciones que otros no han intentado, hace cosas nuevas o transforma cosas viejas. Los líderes tienen que pensar con el hemisferio derecho y con el izquierdo simultáneamente, deben ser técnicos, conceptuales y artesanos. Los líderes aprenden haciendo, trabajando donde hay dificultades y especialmente donde las tareas no están programadas. Las crisis son su campo de realización y es ahí donde realmente crecen y dan lo mejor de sí. ¿Qué te quiero decir? Que aprender a dirigir significa aprender a manejar las crisis.

Si el líder no evoluciona, adaptándose o ajustándose a los cambios externos, inevitablemente llevará a su organización al estancamiento. En el libro *El ascenso del hombre* de Jacob Bronowski, se dice: "Tenemos que entender que el mundo sólo se puede captar mediante la acción. El impulso más poderoso en el ascenso del hombre es el placer que le produce desarrollar su propia habilidad. Goza haciendo lo que hace bien y, habiéndolo hecho bien, goza haciéndolo aún mejor". El líder aprende a dirigir dirigiendo y aprende mejor cuando hay obstáculos. Así como las tormentas dan forma a las montañas, las crisis moldean a los líderes; cuanta más experiencia haya uno acumulado en medio de las dificultades, más probabilidades existen de alcanzar la excelencia como líder.

La adversidad significa la buena suerte de un líder en formación, la adversidad instruye, por lo cual a los ejecutivos triunfadores les interesan las experiencias de aquellos que han pasado por situaciones caóticas, pues saben que el camino de la experiencia es el más seguro para encontrar el tesoro. Cada vez que te enfrentes a una crisis, recuerda que es tu gran oportunidad para aprender y ascender en el camino de la excelencia. Es muy común escuchar a ejecutivos quejarse de sus superiores, pero para todo líder de mando medio es una gran oportunidad para aprender lo que no se debe hacer como líder, es un reto a la imaginación. Por lo tanto, si es tu caso, mi recomendación es que no te dediques sólo a criticar sino a aprender de la situación y a hacer un cambio en tu actitud; si pensamos más en el fracaso que en el éxito, jamás llegaremos al triunfo. Así pues, los líderes de excelencia transforman las experiencias de las crisis en sabiduría y luego las convierten en cultura para sus organizaciones.

Si algo marcha mal en la organización, simplemente corrígelo y no estés buscando culpables. Existen líderes que quieren avanzar creando alrededor sentimientos de culpa, y por supuesto que se puede crear obediencia haciendo sentir culpable a la gente, pero una pregunta que debes hacerte es: ¿deseas que te obedezcan solamente porque les pagas? Una cosa es que te sigan por convicción y confianza y otra muy distinta es que estés rodeado de mercenarios que solo están por lo que se les paga. No se puede forzar a la gente a hacer las cosas bien, hay que cautivar su voluntad para que quieran hacer bien las cosas.

Me han preguntado muchas veces, "¿cómo puede el líder ganar la confianza de sus seguidores?", y, sin ánimos de sonar repetitivo, ya que hemos hablado de esto en capítulos anteriores, deseo que recuerdes siempre:

- Congruencia: practicar lo que se predica
- Constancia: mantener el rumbo a pesar de las adversidades
- Predictibilidad: responder con un estilo constante bajo todas las circunstancias
- Integridad: cumplir con lo prometido

Es importante que el líder entienda a quién le sirve y qué imagen tiene su propia gente de él. Tenemos que considerar a nuestros colaboradores como voluntarios, no como gente rentada para servirnos. Los voluntarios necesitan acuerdos, no contratos; uno necesita ser absolutamente honesto con los subordinados, no astuto ni pasado de listo, creyendo que los puede manipular. Como líder debes entender que tienes que mantener una imagen de capacidad, visión y virtud en cuanto a tu persona.

La capacidad o competencia profesional sin visión ni virtud produce tecnócratas. La virtud sin visión ni conocimientos produce ideólogos. La visión sin virtud ni conocimientos produce demagogos, y el liderazgo sin compromiso ni convicción se vuelve inhumano y perjudicial.

El líder ante el cambio

Resistirse al cambio es tan inútil como oponerse a que salga el sol. Durante generaciones pasadas, el cambio parece haber sido, en las empresas, el enemigo de la organización, y para muchas fue su perdición. Renunciar al cambio significa renunciar al mañana; la fuente de salvación corporativa es provocar el cambio, por supuesto para mejorar, ya que hay quien cambia para empeorar.

Repito: sólo cuando hay cambios hay progreso. Entonces el líder es un agente de cambio en las organizaciones; investiga a la competencia, los nuevos productos y servicios, etc., para convertirse en el factor de progreso de su organización. El líder es quien debe rediseñar la organización, no solamente en cuanto a sistemas, sino también a misión, objetivos, valores; ser líder es ser un arquitecto social a través de la empresa. Como líder debes aprovechar la potencialidad de la gente, ya que ellos saben qué cambios se debe dar.

Considera a tu gente como un activo, no como un pasivo, ya que ellos son el capital más importante de tu empresa; organízalos para que participen con toda su creatividad. Recuerda que tú como líder debes ser el primero en dar testimonio del cambio; las palabras mueven, pero el testimonio arrastra.

Gandhi decía, "Debemos ser el cambio que queremos ver en el mundo", no puede haber crecimiento sin riesgos ni progreso sin equivocaciones. En realidad, si uno no se equivoca, significa que uno no está haciendo un esfuerzo serio para lograr un cambio que valga la pena. Dice por ahí Camilo Cruz: "Si vale la pena hacerse, vale la pena hacerse mal hasta lograr la excelencia": es la colegiatura que hay que pagar para triunfar en la vida.

Te recomiendo la técnica de las tres erres, RRR:

- **Retirarse:** sal de la rutina, desconéctate de las actividades diarias. Es super necesario descontaminarse de la información diaria, dedica un día o unas horas a hacer cosas totalmente diferentes a las habituales.

- **Renovar:** reflexiona sobre el desenvolvimiento de tu organización (el ambiente laboral, las relaciones interpersonales) y haz un plan de cambios.

- **Regresar:** regresa con espíritu nuevo, lleno de optimismo, y entrégate con pasión a los cambios que hayas propuesto.

- Recuerda que en tu papel de líder debes provocar el cambio positivo y liberar todo el potencial creativo de tu personal. Los líderes del futuro son y serán aquellos que modifiquen la cultura de la empresa.

- El líder del futuro, en mi opinión, deberá tener:

- Dedicación total hacia la excelencia

- Amplia educación técnica y filosófica

- Curiosidad ilimitada

- Entusiasmo extraordinario

- Fe en sí mismo y en la gente

- Voluntad para arriesgarse

- Visión a largo plazo

- Compromiso con sus sueños

Como líder debes desafiarte a ti mismo a ser mejor cada día como parte de tu programa de mejora personal, desafiarte a ser un líder de excelencia.

Retos del líder

- Afrontar tu destino, tu familia, tu cuerpo; tú no decidiste el nivel económico, social y cultural en que naciste, limítate a comprenderlo y aceptarlo, y, si no te gusta, a cambiarlo.

- Entender que el ser humano no decide su destino pero sí su existir. Tú decide lo que quieres llegar a ser, eres el dueño y responsable de tu vida.

- Comprender que tienes más de una excusa para tus fracasos, pero que ha llegado el momento de convertir las derrotas en victorias poniéndote la vacuna contra la *excusitis* (el mal de poner excusas).

- Atreverte a reinventarte a ti mismo proyectando la imagen de quien deseas llegar a ser y creer firmemente que lo lograrás.

- Decir "sí" a la vida es entender que el coraje no es para morir, sino para decidirse a vivir desafiando tus propias limitaciones.

- Ser libre para elegirte a ti mismo. Tu mayor y más importante empresa es tu vida, condúcela al éxito.

- Tener presente que el futuro pertenece a los que siguen aprendiendo, los que dejan de hacerlo sólo sirven para vivir en el pasado.

- Atreverte a pagar la colegiatura para llegar a la cima es aquello que hace al triunfador.

- Asimilar que el ser humano se convierte en extraordinario cuando se enfrenta a retos extraordinarios. Cuanto más difícil sea la batalla, más legítima será la victoria.

- Tener el carácter y la determinación que te hará un triunfador, dando lo mejor en todo lo que hagas. "La vida se paga con la vida", decía uno de mis mentores, "para lograr el cielo y tener la gloria debes morir y esa es la analogía para el éxito".

- Ser un buscador incansable de oportunidades. Prepárate para aprovecharlas jugando a ganar.

- Comprender que la única cura para la enfermedad del odio es el perdón y que esa es la forma de liberar todo tu potencial.

- Buscar el camino a la realización comprometiéndote a hacer algo que amas en la vida, porque sólo en aquello que se ama hay compromiso.

- Agregar a tu existencia la esencia de la vida, un ideal, una estrella por alcanzar, la cual te llevará a la máxima expresión de tu ser. Atrévete a ser una gota de amor en un mar de amargura. Recuerda siempre que los seres humanos que intentan lo imposible encuentran a Dios en su camino.

AUTOEVALUACIONES

Cómo lograr ser candidato al ascenso

¡Analízate!

	NUNCA	ALGUNAS VECES	CON FRECUENCIA	SIEMPRE
Soy positivo ante los retos, que son oportunidades para mi ascenso.				
Enriquezco mi trabajo y doy más de lo que se espera de mí.				
Atiendo todas las necesidades aunque sean desagradables.				
Aporto ideas, incluyendo acciones concretas para implementarlas				
Tengo el hábito personal de ofrecer en lugar de pedir.				
Investigo específicamente lo que se espera de mi trabajo.				

	NUNCA	ALGUNAS VECES	CON FRECUENCIA	SIEMPRE
Sirvo con autenticidad.				
Formo parte del equipo y no soy equipaje.				
Me identifico con los objetivos de la organización.				

La excelencia en mi servicio

¡Analízate!

	NUNCA	ALGUNAS VECES	CON FRECUENCIA	SIEMPRE
Doy mayor velocidad a las instrucciones de mis superiores.				
Estoy alerta para informar de oportunidades a mis superiores sobre asuntos importantes.				
Siempre que me reúno con mis líderes llevo soluciones, no problemas.				
Busco y promuevo ampliamente la comunicación para que todos entiendan mejor los objetivos.				
Busco satisfacer las necesidades de mi equipo.				

	NUNCA	ALGUNAS VECES	CON FRECUENCIA	SIEMPRE
Me preparo adecuadamente para las reuniones con mis líderes.				
Respeto las decisiones de mi equipo.				
Protejo los intereses de mi empresa y propicio su posición de ventaja.				
Soy adhócrata con mi equipo.				

La excelencia en relación con mi superior

¡Analízate!

	NUNCA	ALGUNAS VECES	CON FRECUENCIA	SIEMPRE
Comprendo su posición, es un ser humanocomo yo, pero con responsabilidades mayores.				
Mi jefe me sirve de modelo a seguir, aprendo mucho de él.				
Doy reconocimiento sincero a mi jefe sin adulación.				
Motivo a mi jefe a través de una actitud positiva hacia mi trabajo.				
Le externo a mi jefe sinceramente mis puntos de vista.				
Evito ridiculizar a mi jefe.				

	NUNCA	ALGUNAS VECES	CON FRECUENCIA	SIEMPRE
Confío en mi jefe y lo acompaño en todos los desafíos.				
Respeto el tiempo de mi jefe, no lo interrumpo sin justificación.				
Agradezco sinceramente su reconocimiento, su apoyo y su ayuda.				
Soy leal ante las críticas adversas hacia su persona.				
Mantengo una auténtica relación con él.				
Soy congruente con su estilo, formo parte de su imagen.				

Actitud de un líder para lograr candidatos al ascenso

¡Analízate!

	NUNCA	ALGUNAS VECES	CON FRECUENCIA	SIEMPRE
Estoy consciente de que dependo de mis seguidores para mantener una posición superior.				
Soy paciente, no supongo que la gente quiere y puede hacer las cosas.				
Soy explícito al momento de dar una orden.				
Doy reconocimiento abundante a mi equipo.				
Vendo mis ideas a mis seguidores, visualizando el resultado final.				

	NUNCA	ALGUNAS VECES	CON FRECUENCIA	SIEMPRE
Entiendo perfectamente las expectativas de mi equipo.				
Escucho y evalúo concretamente las sugerencias y aprovecho la participación.				
Doy asesoría permanente a mi equipo y los capacito sobre la marcha.				
Soy promotor permanente del cambio.				
Soy líder de excelencia con la gente.				
Soy firme en mis decisiones.				
No temo a la competencia.				

La excelencia en las relaciones con mi equipo

¡Analízate!

	NUNCA	ALGUNAS VECES	CON FRECUENCIA	SIEMPRE
Sé reconocer mis errores cuando me equivoco.				
Soy amable a pesar de la presión.				
Expreso adecuadamente mis sentimientos negativos y no humillo.				
Sé escuchar a mis seguidores y les doy tiempo.				
Acepto a la gente como es, no la rechazo cuando no es como yo quisiera.				
Constantemente regreso a mis orígenes para comprender mejor a mis seguidores.				

	NUNCA	ALGUNAS VECES	CON FRECUENCIA	SIEMPRE
Fomento el espíritu de compañerismo.				
Promuevo la autonomía y estimulo la iniciativa.				
Soy empático con mis seguidores y busco entender su mundo de significados.				
Tengo capacidad de perdón ante los errores de mis seguidores.				

En mi superación como líder...

	NUNCA	ALGUNAS VECES	CON FRECUENCIA	SIEMPRE
Soy humilde y aprendo de mis seguidores.				
Me mantengo en constante renovación y busco el cambio positivo.				
Busco aprender de mis errores y evito repetirlos.				
Me preparo permanentemente y busco mi superación a través del estudio y la reflexión.				
Busco incasablemente la excelencia en mi liderazgo.				
Deseo cumplir con mi misión de vida.				

INSTRUCCIONES

Una vez que hayas terminado de reflexionar y contestar las evaluaciones, suma verticalmente cuantos "NUNCA" obtuviste, cuantos "ALGUNAS VECES", cuantos "CON FRECUENCIA", y cuantos "SIEMPRE".

Si el resultado favorece a los "CON FRECUENCIA" y "SIEMPRE", significa que vas bien encaminado a la excelencia. Por el contrario, si favorece a las otras dos opciones, tú mismo puedes observar las áreas de oportunidad que tienes y específicamente en lo que necesitarás trabajar para seguir creciendo.

Conclusión

Los líderes que requiere el mundo deberán tener el carácter y la determinación para alcanzar sus metas a pesar de las adversidades, líderes que aunque sean derribados en las tormentas de la vida se vuelvan a levantar; que evalúen el bien y el mal, pero, por sobre todas las cosas, que hayan elegido el camino de lo justo y lo noble.

Un auténtico líder puede ganar o perder, ser humillado o ensalzado, sufrir catástrofes, pasar tempestades y aun así seguirá siendo un líder en la medida en que conserve la dignidad, y con ella sus ideales. Él estará convencido de que nació para ser un luchador. El auténtico líder siente el ímpetu de servir en su tiempo y sabe que no hay días o noches más largas que aquellas en las que está presente el hambre. El auténtico líder está dispuesto a morir de pie, pero nunca de rodillas, y no se negará jamás a un amigo; por supuesto, nunca traicionaría a su patria o a su empresa y su honor estará por encima de cualquier duda.

Líderes de esta talla son fáciles de recordar, imposibles de olvidar; son líderes que gestionan valores de orden superior, que le dan al ser humano su dimensión como obra maestra del Creador, manteniendo ideales firmes, rescatando al marginado, a ese niño abandonado, al hombre en confusión, a un viejito con hambre.

En una subasta pública, ante muchos compradores, se remataba un viejo violín; se mostró sucio, lleno de polvo y con las cuerdas flojas. El rematador fijó la base inicial y solicitó al público sus ofertas. La primera mano levantada ofreció diez por ciento más, después de una segunda y tercera oferta, se triplicó su valor y ya nadie propuso más.

El subastador estaba a punto de adjudicarlo cuando de pronto un hombre de edad avanzada pidió permiso para revisar el violín y, al no haber mejor oferta, solicitó permiso al público para probarlo. No hubo objeción alguna.

El anciano subió al estrado, tomó el instrumento con sus arrugadas manos y con su pañuelo limpió y tensó las cuerdas. Ejecutó una maravillosa melodía de Vivaldi. En diez minutos el salón de remates se convirtió en una sala de conciertos y el público, emocionado, escuchaba atentamente. Cuando el anciano dio por terminado su concierto, regresó el violín.

El subastador, aún aturdido por semejante interpretación,

volvió a preguntar, "¿Quién da más? A la una, a las dos...", y de pronto una voz gritó un valor diez veces mayor al último y otra más duplicó la oferta y así se sucedieron varias propuestas más hasta que finalmente se adjudicó la mejor oferta que fue cien veces mayor al último valor propuesto antes de que el anciano tocara el instrumento.

¿Cuál fue la diferencia entre un valor y el otro? ¡Respuesta! Sin duda el maestro, que con su magnífica ejecución mostró el verdadero valor del violín.

Asimismo, el auténtico líder, a diferencia de líderes mediocres, puede lograr que cada uno de sus seguidores saque su verdadero valor, ya que maestro no es aquel que enseña al otro lo que no sabe, sino que hace de él lo que debe llegar a ser. Así se distingue a los líderes que transforman a la gente ordinaria en seres superiores y que hacen de su propia vida una obra magistral. Así es el líder del futuro: sueña y es idealista, desea un mundo cada día mejor, es parte de una nueva generación forjadora de seres humanos de excelencia, más humana y generosa para todos los hombres y mujeres, no importando su nacionalidad, raza o credo; cumple su misión con alegría, con entusiasmo, disfrutando su proceso de conversión en líder transformador, cumpliendo la obra que le asignó el Creador.

Te deseo de todo corazón que logres todo lo que te propongas y que Dios permanezca siempre en tu corazón para que un día llegues a ser un líder de excelencia.

Agradecimientos

Mi agradecimiento, por sobre todas las cosas, a Dios, gran arquitecto del universo, por tantas bendiciones otorgadas, por elegirme para este llamado y por permitirme seguir compartiendo este conocimiento obtenido a través de mis experiencias, y por los sabios que me han antecedido, que sirva de homenaje para ustedes, mis grandes mentores, y que el día de mañana esta obra le sirva a las nuevas generaciones.

Gracias, madre, porque haz sido mi guía espiritual; gracias, padre, porque fuiste un gran líder para mí cuando más lo necesitaba; gracias, Jacky, por ser mi compañera de vida; gracias, Fernanda, eres una hija extraordinaria; gracias a los que se involucraron para que esta obra saliera a la luz. A todos ustedes, muchas gracias.

Haz que la chuleta te persiga: Cómo multiplicar tu valor y convertirte en una persona muy atractiva a los demás

Pasta Blanda: 978-1-63765-444-6

Haz que la chuleta te persiga es una obra que ayudará a cualquier estudiante del éxito que decida poner en práctica los principios aquí compartidos a convertirse en una persona más valiosa y atractiva, ya sea que esté en un empleo y desee un aumento de sueldo o que sea un emprendedor que quiere tener más clientes y hacer crecer su organización. Con herramientas y estrategias sencillas, será una persona que dispare sus ingresos, un imán en el mercado.

www.ingramcontent.com/pod-product-compliance
Lightning Source LLC
Chambersburg PA
CBHW050120210326
41519CB00015BA/4046